Ina Dentler • Kindheit in Berlin 1945 – 1953

Ina Dentler

Kindheit in Berlin
1945 – 1953

FRIELING

Von **Ina Dentler** bereits im Verlag
Frieling & Partner erschienen:

Last Minute
ISBN 3-89009-674-3

Die Deutsche Bibliothek – CIP-Einheitsaufnahme
Dentler, Ina:
Kindheit in Berlin 1945 – 1953 / Ina Dentler. – Orig.-Ausg., 1. Aufl. – Berlin: Frieling, 1994
(Frieling – Erinnerungen)
ISBN 3-89009-681-6

Hünefeldzeile 18, D-12247 Berlin-Steglitz
Telefon: 0 30 / 7 74 20 11

ISBN 3-89009-681-6
1. Auflage 1994
Umschlaggestaltung unter Verwendung eines Bildes von
Karin Bahrs (Original: farbig / Öl auf Leinwand / 80 x 100 cm)

Für Adriana und Michaela

Inhaltsverzeichnis

II. Teil: 1946–1953

I. Teil: 1945

Der letzte Bombenangriff

Der schrille Ton der Sirene zerschnitt scharf die blaue Vormittagsruhe über Berlin. Er grellte empor, blieb kurz stehen und ließ sich dann klagend fallen, um wie nach einem Atemholen erneut in den hohen Himmel vorzustoßen – wieder und immer wieder.

Fritz, der Wirt vom „Dorfkrug“, trocknete seine Hände an einem buntkarierten Geschirrtuch ab und fuhr sich dann damit über Stirn und Glatze.

„Eigentlich erwarte ich die Bomber ja immer, aber wenn sie kommen, fährt es mir wie bei einer bösen Überraschung durch Mark und Bein; trotzdem...“ Er klopfte an sein Holzbein. Energisch schob er die Kasse zu. Die Geldstücke klirrten.

„Die haben es heute aber eilig. Können nicht einmal das Mittagessen abwarten“, murmelte der alte Mann am Tresen, der, seit es in Lichtenrade nur noch wenige Männer auf Heimaturlaub gab, täglich bei Fritz zum Frühschoppen einkehrte, um ein Gespräch von Mann zu Mann zu führen.

„Laß nur. Bezahle morgen. Beeile dich lieber, den Jungen abzuholen.“

Fritz war hinter der Theke hervorgekommen, hatte dem Gast zum Abschied auf die Schulter geklopft und ihn dabei durch die Tür gedrängt, die er sofort hinter ihm schloß.

Der alte Mann griff nach der Deichsel seines Leiterwagens, auf dem Eimer, Flaschen, Farbtöpfe und Dosen mit Pinseln standen. Eine kurze Leiter war dazwischen gezwängt. Mit gleichmäßig schnellen, aber nicht hastigen Schritten lief er durch die Straßen.

Als er schließlich seinen Enkel in Empfang nahm, war schon das Brummen der Bomber zu hören.

„Wie immer der letzte", zischte ihm die Kindergärtnerin wütend entgegen und hetzte an ihm vorbei.

„Steig in den Wagen und halte die Leiter fest", sagte der Großvater sanft und ohne Hast. „Und denke an die Frauen. Hole dir keine Farbflecken."

Mit den Frauen waren Christians Mutter, Tante und Großmutter gemeint.

Der Junge kletterte in den Wagen. Er war groß für seine noch nicht sieben Jahre, hatte kupferrote Haare und honigfarbene Haut, ohne die Sommersprossen Rothaariger. Das schmale Gesicht wurde von dem Gegensatz zwischen ernsten schiefergrauen Augen und dem pfiffigen Ausdruck, der durch die fehlenden Vorderzähne hervorgerufen wurde, beherrscht.

Um schneller voranzukommen und den Bordstein zu meiden, fuhr der Großvater auf der kopfsteingepflasterten Straße. Hell klangen die aneinanderstoßenden Gefäße. Die Pinsel hüpften in ihrem Behälter.

Sie kamen an einsam aufragenden, von Schutt gehaltenen Wänden und verkohlten Häuserskeletten vorbei. Dann wieder waren Häuser bewohnt, die durch die zusammengefallene Vorderfront wie aufgeklappt wirkten; ein Badezimmer, das unversehrt schien, ein Wohnzimmer, aus dem das Sofa in den Vorgarten gestürzt war, eine Küche, an deren Seitenwand das abgeknickte Ofenrohr des Herdes wie ein ausgestreckter Arm in die Luft stach.

„Das Haus sieht wie eine Puppenstube aus. – Kann man an dem Herd noch kochen?" fragte Christian laut gegen den Rükken des Großvaters.

Der wandte den Kopf im Gehen etwas nach hinten, um zu antworten, aber Christian hatte im gleichen Augenblick die Schultern nach vorn gebeugt, den Kopf auf die Knie gelegt und die Hände auf die Ohren gepreßt. Das erste Flugzeug war über ihnen.

Kurz darauf brachte eine Explosion in einer Nebenstraße den Boden zum Schwanken. In der Luft wirbelte Staub. Auf den Lippen lag Sand. Es roch nach Versengtem und Teer.

Der Großvater zog in unverändertem Tempo den Wagen. Er mußte Schuttbergen, umgefallenen Zäunen und entwurzelten Bäumen ausweichen. Zwischen dem Dröhnen und Zischen ringsum hörte er hinter sich das vertraute Klappern und Klirren.

Endlich erreichten sie das gelbe Haus mit den teilweise vernagelten Fensteröffnungen. Die Haustür flog auf. Noch ein entscheidener Ruck, und der Wagen stand in dem nach Kohl und Wäschelauge riechenden Hausflur.

Ehe die Großmutter etwas sagen konnte, murmelte der Großvater: „Wen's trifft, den trifft's."

Die Großmutter schüttelte ärgerlich den Kopf und ging mit schweren Schritten hinter ihm die Treppe hinauf.

Christian sprang flink aus dem Wagen. Beinahe wäre ein Farbeimer umgefallen. Von einer Leitersprosse war ein weißer Farbstreifen auf dem Jackenärmel abgedrückt. Verreiben ging nicht. Die Finger waren nun weiß und klebrig. Nichts war mehr zu ändern, also war auch alles egal.

Christian holte unter seiner Jacke eine Ziegenkopfmaske hervor und setzte sie auf. Mit Ziegengemecker sprang er hinter den Großeltern die Treppe hinauf in die Wohnung, den Flur entlang bis zur Küche, vom Kinderzimmer zum Wohnzimmer.

Da er durch die Augenlöcher der Maske schlecht sah, stieß er sich an der Kante der Anrichte und warf einen Stuhl um.

Anfangs waren Mutter und Großmutter verstört, dann aber mußten sie lächeln. Und während er mit Ziegengemecker um sie herumtollte, begannen sie, zuerst leise, dann herzhafter, befreiender, zu lachen, und konnten kein Ende finden, bis ihnen Tränen über die Wangen liefen.

Christian warf sich ermattet in die Arme des Großvaters, der das Geschehen von seinem Sessel am Ofen aus beobachtet hatte. Er zog Christian die Maske vom erhitzten Kopf.

Die Sirene gab Entwarnung. Der Angriff war vorbei.

Christian angelte einen kurzen Hornkamm aus Großvaters Jackentasche, stellte sich hinter seinen Sessel und kämmte vorsichtig durch die krausen, grauen Locken.

„Wo ist die denn her?" Die Mutter zeigte auf die am Boden liegende Ziegenmaske.

„Jeder durfte sich heute etwas aus dem Kindergarten mitnehmen. Zur Erinnerung. Ab Morgen ist geschlossen."

„Dann war das ja heute unsere letzte Fahrt." In der Stimme des Großvaters schwang Bedauern.

„Die war aber auch die grausligste."

'Trotzdem schade. Die Fahrten waren immer ein richtiges Abenteuer. Aber daß der Kindergarten geschlossen wird, ist gut, dann muß ich endlich nicht mehr zu den Kleinkindern.'

Im Januar war es mit dem Besuch der ersten Klasse zu Ende gewesen. Ein Volltreffer hatte die Schule zerstört. Seitdem war Christian wieder in den Kindergarten gegangen.

'Damit ich es lustiger hätte und nicht immer nur unter den Erwachsenen wäre. Die Mutter hat keine Ahnung, wie albern und blöd Kindergartenkinder sind – richtige Babys!‘

Die Haustür wurde so heftig aufgestoßen, daß sie gegen die Wand schlug; dann Schritte, laute Wortfetzen. Es klingelte.

Der Großvater war aufgestanden und hatte geöffnet. „Einen Lärm macht ihr.“ Die Zurechtweisung klang verwundert und sanft.

Zwei Mädchen rannten wild an ihm vorbei.

„Jutta! Helga! Erst die Schuhe ausziehen“, rief Tante Grete ihren Töchtern nach und schob den Kinderwagen in den Flur. Sie kamen aus dem Luftschutzkeller.

Jutta hatte einen kleinen Koffer von der Größe einer breiten Aktentasche auf das Sofa im Wohnzimmer geworfen und zog Helga an den Zöpfen, daß sie kreischte.

„Der Koffer gehört unter die Flurgarderobe. Da hat er seinen Platz und sonst nirgends“, rief die Großmutter ungehalten dazwischen, nahm ihn und stellte ihn energisch dort ab.

Es war einer jener geheimnisvollen kleinen Koffer, die alle kleinen Mädchen bei den Angriffen in den Luftschutzkeller mitnahmen. Sie enthielten die wichtigsten Papiere der Familie und Sparbücher.

Diese Koffer waren ihnen so selbstverständlich zugehörig wie ihre Frisuren: Hahnenkamm und Zöpfe.

Die Mutter hatte Ulrich, Christians Bruder, aus dem Kinderwagen herausgenommen. Weder die Bomben noch der Lärm der Kinder hatten ihn geweckt, so erschöpft war er von der letzten Bombennacht, in der er ununterbrochen geschrien hatte. Seine Haut glänzte rosig.

„Ich glaube, er hat noch immer Fieber“, sagte die Mutter und trug ihn in sein Kinderbett im Elternschlafzimmer.

Die Großmutter begann, den Tisch für das Mittagessen zu decken.

„Wird aber auch Zeit“, stellte der Großvater ohne Vorwurf fest.

Es war schon dreizehn Uhr, also mehr als eine Stunde nach der gewohnten Essenszeit, die ansonsten gewissenhaft wie ein Gesetz eingehalten wurde.

„Kommt schnell zu Tisch“, rief die Großmutter, damit auch die Mutter sie hörte, und brachte die Suppenschüssel, die so voll war, daß sie sie fest an den Leib gedrückt trug. Sie stellte sie vorsichtig in die Mitte des Eßtisches und blieb stehen und ließ sich die Teller reichen, um sie mit zwei Kellen Suppe zu füllen.

Der Großvater hatte als erster sein Essen bekommen. Während Christian seinen Teller vor sich abstellte, hörte er ihn schon die heiße Suppe schlürfen.

'Tut er bestimmt, damit er schneller zu seinem Mittagsschlaf kommt‘, dachte Christian und sah den vorwurfsvollen Blick der Großmutter. 'Wenn ihre Augen befehlen, dann sind sie hart und starr wie die Augen von Teddybären.‘

„Aber Emil, denk doch an die Kinder“, wies sie ihn zurecht, das Aber langgezogen und das E von Emil stark betont, wie immer, wenn sie ärgerlich auf ihn war.

'Warum nur? Sie muß doch sehen, wie müde der Großvater ist. Sein Gesicht ist ganz grau.‘

Nach Großmutters Ermahnung schwiegen alle. Nur das Schlürfen war zu hören. Der Großvater hielt den Kopf über seinen Teller gesenkt und aß, als habe er nichts gehört.

„Machen wir nachher einen Spaziergang, Großvater?“

'Wie laut meine Stimme klingt. Fast, als hätte ich geschrien.'

Nach den Angriffen gingen sie immer durch die Straßen, um nach den Nachbarn zu sehen.

„Natürlich, nach meinem Mittagsschlaf." Der Großvater schob seinen Stuhl zurück und legte sich, obwohl die anderen noch nicht aufgegessen hatten, auf das Sofa. Die Großmutter guckte überrascht zu ihm hinüber.

„Du bist heute wohl besonders müde." Ihre Stimme klang jetzt besorgt, und sie begann, die schon leeren Teller zusammenzustellen und, forderte mit nachdrücklichen Blicken wortlos auf, sich zu beeilen und das Zimmer zu verlassen, damit der Großvater seinen gewohnten Mittagsschlaf halten könne.

Christian durfte als einziger dableiben. Er setzte sich an seinen Fensterplatz und beobachtete, wie jeden Mittag, was auf der Straße vorging. Dort wartete er, bis der Großvater ausgeschlafen hatte, was sich stets dadurch ankündigte, daß er plötzlich mit einem Pfeifton einatmete und danach einen dröhnenden Schnarchton ausstieß, der ihn zusammenzucken und aufwachen ließ. Beim Erwachen sah er stets zuerst auf die Uhr und murmelte dann: „Na, dann woll'n wir mal wieder."

Noch war aber das regelmäßige, tiefe Atmen des Großvaters zu hören, und Christian fühlte sich geborgen.

'Seltsam, aber der Großvater ist nie neugierig, was sich draußen verändert hat. Er schläft ruhig, als wären wir gar nicht während des Bombenangriffs unterwegs gewesen. Ob der Herd jetzt noch an der Hauswand hängt? Und Martin, ob der wieder in den Luftschutzkeller mußte? Dort ist es schrecklich eng. Die Menschen drängen sich zusammen, wie sonst nur auf dem Rummelplatz. Aber seine Mutter, die ihm sonst jeden Willen läßt, besteht darauf. 'Das bin ich deinem Vater schuldig', sagt sie immer. Obwohl sie ja nichts dafür kann, daß er im Krieg gefallen ist. Bestimmt hat sie einfach Angst um Martin.'

Auf der beim Angriff menschenleeren Straße wurden nun beladene Karren und Kinderwagen mit gebeugten Rücken vorwärtsbewegt. Ein Pferdefuhrwerk kam am Haus vorbei, beladen mit Möbeln, Kästen und bergigen Federbetten, aus denen die Köpfe mehrerer Kinder herausguckten. Auf dem Kutschbock saßen zwei Frauen mit blicklosen Gesichtern und Decken über den Knien. Bis ins Zimmer war das Geräusch aneinanderschlagender Kochtöpfe und das kraftlose, monotone Aufschlagen der Pferdehufe zu hören.

'Trotz der Betten und Decken wird ihnen kalt sein, denn der Regen weicht alles auf: die Kleider, die Zudecken. Wer weiß, wo sie herkommen, und wie lange sie schon unterwegs sind. Etwas Warmes zu trinken oder zu essen haben sie auch nicht.'

Christian dachte an Mutters Speisekammer und das Eingeweckte der Großmutter im Keller. „In den Geschäften gibt es so gut wie nichts mehr", klagt die Mutter immer, wenn sie vom Einkaufen kommt.

'Und so ein Großvater, der sich außer der Malerei auf allerlei Handwerkliches versteht und dafür manchmal sogar Leckerbissen bekommt, ist auch nicht da.

Spielen? Womit spielen Flüchtlingskinder? Spielzeug habe ich auf solchen Wagen noch nie gesehen.'

So schnell er konnte, verließ er seinen Fensterplatz, öffnete und schloß geräuschlos die Zimmertür, nahm seinen Ball aus der Spielkiste im Flur und rannte die Treppe herunter dem Fuhrwerk nach. Er holte es leicht ein, warf den Kindern den Ball zu und lief, ohne sich umzudrehen ins Haus zurück. Irgendwie schämte er sich, ohne sich dieses Gefühl erklären zu können. Auf keinen Fall wollte er, daß die Kinder ihn heranriefen oder sich gar bedankten.

Er war so überstürzt zurückgelaufen, daß er die Mutter, die in der Haustür stand, fast umlief.

„Mußt du denn rauslaufen und die Tür zuschlagen lassen, wenn der der Großvater schläft?“

Die Mutter hatte ihn unsanft vor sich her in die Wohnung geschoben und klinkte vorsichtig die Tür ein.

„Wo kommen die Fuhrwerke her?“ wollte Christian flüsternd von der Mutter wissen.

„Die kommen aus dem Osten. Die Menschen flüchten vor den Russen“, erwiderte sie ebenso leise.

„Und wohin flüchten sie?“

„Die meisten bleiben in Berlin, wenn Verwandte sie aufnehmen können. Sonst müssen sie weiter.“

„Und wohin gehen die Russen? Kommen die nicht hierher?“

„Bis nach Berlin kommen die Russen nicht. Vor der Stadt stehen viele Soldaten, um uns zu beschützen, und dann gibt es noch den Volkssturm“, antwortete die Mutter lauter und mit großer Bestimmtheit.

'Klingt, als sollte ich nicht mehr nachfragen.‘ Christian nahm sich vor, darüber mit dem Großvater zu sprechen.

Kaffeegeruch erfüllte das Haus. Der gute Lindes-Ersatzkaffee.

'Gleich wird der Großvater aufstehen. Merkwürdig, woher die Großmutter weiß, wann der Kaffee fertig sein muß, also wann der Großvater aufwacht. Aber sie weiß es jedesmal schon vor dem erschreckenden Schnarchton. Wie eine Hexe.‘ Erschrocken verbesserte er für sich: 'Hellseherin. Sie sieht es mit ihren starren Glasaugen.‘

Tatsächlich hörte er in diesem Augenblick die Schritte des Großvaters hinter der geschlossenen Wohnzimmertür.
Bis zum Spaziergang mußte er noch Geduld haben.

Erst nachdem der Großvater Kaffee getrunken hatte, zog er seine Joppe über. Bevor sie zur Wohnungstür hinausgingen, zupfte die Großmutter Fusseln von der Jacke, klopfte Kragen und Schultern ab und reichte ihm die Schirmmütze.
Endlich waren sie auf der Straße.

Bis zu der Stelle, wo Christian vorher dem Wagen nachgelaufen war, schien alles unverändert. Kurz danach aber spaltete ein tiefer Krater den Fahrdamm von der einen Seite des Gehweges bis fast zur gegenüberliegenden. Davor war das Fuhrwerk zum Stehen gekommen. Da es keine Ausweichstelle gab, weder eine Einfahrt noch eine Nebenstraße, hatte man ausgespannt, und mehrere Menschen halfen beim Wenden des Wagens. Die Pferde standen so nahe an eine Litfaßsäule gedrängt, als wollten sie ihre nassen, knochigen Körper anlehnen.

Auf dem Pflaster hinter dem Bombentrichter lag, mit weit aufgerissenen Augen, der dampfende Körper eines weiteren Pferdes. Einige Leute standen mit Töpfen und Eimern daneben. Ein alter Mann schlug die Axt, die er bei sich trug, in den Leib des Tieres. Mit fiebrigen Blicken, in denen sich Gier und Entsetzen verbanden, verfolgten die Umstehenden das Geschehen. Ihre Hände zuckten. Gleich würden sie es ihm gleichtun.

„Es ist tot“, sagte der Großvater.

Christian glaubte es nur, weil er es sagte, und hastete schaudernd an dem Tier vorbei.

Der Nieselregen hatte den Staub der zerstörten Häuser auf den Boden gedrückt. Nirgends waren Flammen zu sehen. Es schwelte unter den Steinen. Vor ihnen gingen zwei Soldaten. Die Uniformen waren verschmutzt. Die Füße des einen waren mit Lumpen umwickelt, die des anderen steckten in Stiefeln, deren eine Sohle durch eine Schnur mit dem Oberleder zusammengehalten wurde.

„Sie beschützen uns, wenn die Russen kommen", sagte Christian und dachte an sein Gespräch mit der Mutter.

Der Großvater blieb stehen und sah ihn bekümmert an. Dann nickte er knapp. Die Falte zwischen den Augenbrauen hatte sich vertieft. Christian spürte, daß es nicht die rechte Zeit für seine Fragen war.

Unter einem Hausportal, über dem es kein Haus mehr gab, stand eine Frau. Sie trug ihr Kopftuch weit vorgezogen, daß die Haare nicht zu sehen waren und das Gesicht klein und spitz aus dem Stoff herausschaute.

Die Frau trat so plötzlich auf die Soldaten zu, daß diese Mühe hatten, sie nicht umzustoßen, und ruckartig stehenblieben. Vor die nahen Gesichter schob sie ihre Hand mit einer postkartengroßen Fotografie.

„Habt ihr meinen Sohn gesehen? Vor drei Tagen ist er mit dem Fahrrad zur Front gefahren", stieß sie hervor, und Christian, der mit dem Großvater nur zwei Schritt seitlich von ihr entfernt stand, spürte jeden Laut auf der Straße verstummen.

„Er ist doch erst fünfzehn." Die Frau sprach wie zu sich selbst, mit fassungslosem Gesichtsausdruck.

Die Soldaten sahen lange auf das Foto, als müsse ihnen etwas einfallen. Dann schüttelten sie stumm den Kopf. Einer der Soldaten schob behutsam die Hand mit dem Bild zur Seite, damit sie weitergehen konnten.

„Die kennen den Sohn wohl nicht?"

Der Großvater schüttelte den Kopf mehrfach in der gleichen Weise, wie es die Soldaten getan hatten, mitfühlend und niedergeschlagen.

Die Soldaten waren inzwischen am Ende der Straße angekommen und gingen in das Wäldchen. Irgendwo dahinter lag die Front, die täglich näherrückte.

Die Russen kommen

Dichte Stille hatte über der Stadt gelegen. Gestern und auch vorgestern. Doch war es kein Dahinschlummern, gleichsam im Schlaf, ohne Bewußtsein, das dem Toben der Angriffe gefolgt war, sondern eine Lautlosigkeit, die die Sinne schmerzhaft bis zur Unerträglichkeit anspannte.

Heute war seit den Morgenstunden ein fernes Grollen zu hören, als zöge ein Gewitter auf.

'Im Frühling gibt es kaum Gewitter. Großvater sagt, daß das die Kanonen der Russen sind. Woher will er das wissen? Die Mutter hat, als er das sagte, ganz energisch mit dem Kopf geschüttelt. Aber wie sollte sie es besser wissen?'

„Warum machst du uns Angst", hörte Christian gerade die Großmutter, „denk doch an die Wunderwaffe."

Der Großvater nickte ergeben, als habe er davon genug gehört. Gleichzeitg strich er nachdenklich und besorgt über seine Augenbrauen, die, wenn sich Daumen und Zeigefinger an den zwei tiefen Kerben der Nasenwurzel begegneten, widerborstig abstanden.

Das Telefon klingelte.

„Nicht zu glauben", murmelte der Großvater mit einem Blick auf den Apparat.

Das Telefon verdankten sie dem Umstand, daß in dieser Wohnung im Hochparterre früher die Praxis eines jüdischen Arztes gewesen war. Zu der Zeit wohnten die Großeltern noch im ersten Stock und die Eltern von Christian nicht in diesem Haus, sondern in einer Mansarde in der Nachbarschaft.

Die Mutter nahm den Hörer ab. Eine aufgeregte, krächzende Stimme war zu hören.

„Brot bei der Bäckerei Wehner“, wiederholte die Mutter, „danke! Und laßt euch nicht unterkriegen! Auf Wiedersehen!“ Sie legte auf.

„Wir sollten versuchen, Brot zu bekommen. Friedel meint, daß es bei Wehners noch etwas gibt.“

Während des Sprechens war sie schon dabei, sich den Mantel überzuziehen; desgleichen die Großmutter, die für jeden eine Tasche holte. Eine davon gab sie Christian. Sie würden zu dritt gehen. Oft bekam nur jeder Anstehende ein Brot.

Der Weg zur Bäckerei war nicht weit. Vor dem Geschäft hatte sich eine lange Schlange gebildet, an die sie sich anschlossen. Als sie dem Eingang näherrückten, war der säuerlichwarme Geruch des Brotes so intensiv, daß Christian es zu schmecken meinte.

'Das Brot ist ganz klitschig. Man kann es plattdrücken. Bestimmt bekomme ich eine Scheibe – und nach dem Essen Bauchschmerzen. Im Magen wird die Scheibe schwer wie ein ganzes Brot.‘

Immer wenn einer aus dem Laden herauskam, rückten die anderen etwas nach. Keinen ganzen Schritt, immer Fuß um Fuß. Keiner unterhielt sich. Nur das Vorwärtsscharren der Füße war zu hören und von Bedeutung, denn jeder sah durch die Scheibe auf die Regale hinter dem Ladentisch mit der rücksichtslosen Erwartung, daß wenigstens bis zu ihm das Brot noch reichen möge.

Plötzlich aber kam Bewegung in die Oberkörper. Sie reckten sich, die Köpfe leicht nach vorn gestreckt. Ein gleichzeitiges Schwanken setzte sich in der Reihe fort, als habe sich ein Schlangenkörper bewegt.

Wer dann zuerst rief, war nicht zu sagen.

„Die Russen kommen?! Die Russen kommen?!“

Arme wiesen in die Richtung des Bahndammes, der, wenn auch in einiger Entfernung, deutlich zu sehen war. Von dort kamen vier Soldaten, geduckt und mit Gewehren im Anschlag. Die Uniformen waren anders als die gewohnten. Sie waren von stumpfer, erdgrüner Farbe, wie vertrocknetes Moos.

„Die Russen kommen!“

Zuerst hatte der Ruf wie eine ungläubige Frage geklungen. Jetzt war es ein Schrei, der die Wartenden auseinandertrieb.

„Kommt. Beeilen wir uns“, sagte die Großmutter. Schon hatten sie sich bei den Händen genommen und liefen den Weg zurück. Die Tasche war Christian heruntergefallen, und er wollte im Laufen innehalten.

„Laß sie liegen“, kreischte die Mutter erregt, und sie rannten weiter, als wären die Russen unmittelbar hinter ihnen. Christian, der sich immer wieder neugierig umwandte, konnte sie jedoch nicht mehr sehen.

Wenn jemand aus dem Fenster sah, rief die Großmutter mit hechelnder Stimme, so laut sie konnte: „Die Russen kommen!“ Und die Mutter wiederholte den Ausruf wie ein Echo.

Sofort zog man sich in das Innere der Wohnung zurück, und wenn sich Christian kurz darauf umsah, hingen weiße Laken aus den Fenstern.

'Zur Begrüßung der Feinde?‘ fragte sich Christian mit Verwunderung. Die Zurufe verbreiteten eine Schreckensnachricht und wollten so gar nicht zu dem lustigen Wehen der Tücher passen.

Einmal sah er einen SS-Mann in seiner Uniform auf einen

Balkon heraustreten. Die Stimmen der Frauen brachen ab. Eine Frau zog das weiße Laken wieder zurück.

'Verstehe ich nicht', dachte Christian. 'Ich muß den Großvater fragen.' Von den Frauen, das spürte er, war keine Antwort zu erwarten.

Als sie zu Hause ankamen und der Großvater hörte, daß die Russen kämen, rief er Christian zu: „Hole einen Spaten und komme in den Garten!" Dann war er, so schnell er konnte, die Treppe herunter in den Keller gelaufen.

Als Christian mit dem Spaten aus dem Schuppen trat, sah er den Großvater einen schweren Emailwaschtopf am Sandkasten abstellen. Der Großvater begann sofort, eine Grube auszuheben, in die er den Topf versenkte. Den aufgehäuften Sand verteilte er gleichmäßig über dem Deckel und kratzte und stocherte lange herum, damit der Sandkasten wieder wie vorher aussah. Gemeinsam brachten sie den Spaten in den Schuppen und gingen vor das Haus. Der Großvater hatte die ganze Zeit kein Wort gesprochen, und Christian, der sich die Vorgänge zu erklären suchte, lief ebenfalls schweigend neben ihm her.

„Habt ihr wirklich Russen gesehen?" fragte der Großvater, während er die menschenleere Straße entlangsah.

Christian nickte und setzte dann unsicher hinzu: „Jedenfalls schrien es alle."

„Als hätten sie je einen Russen zu Gesicht bekommen! – Aber es ist gut möglich."

„Was bedeuten denn die weißen Tücher?"

„Daß sie sich ergeben. Nicht mehr kämpfen. Frieden wollen. Wenn die Russen das sehen, schießen sie nicht."

„Und was macht der Waschtopf im Buddelkasten?"

„Das ist ein Geheimnis, das du unbedingt für dich behalten mußt. Unbedingt“, wiederholte der Großvater eindringlich.

„Ich schwöre.“ Christian hob bekräftigend seine rechte Hand, als wäre es ein Indianerspiel.

„Ich meine es sehr ernst“, sagte der Großvater. „Es sind wichtige und wertvolle Sachen darin versteckt.“

„Wer will die denn wegnehmen?“

„Vielleicht die Russen. Man kann ja nicht wissen. Schließlich haben sie viel verloren. Einfach zur Vorsicht. Wie mit dem blauen Koffer, den Jutta mit in den Luftschutzkeller genommen hat. Bei uns hat es nie gebrannt, aber es hätte ja sein können.“

„Verstehe.“ Christian fühlte sich sehr erwachsen, nachdem er ein Geheimnis mit dem Großvater teilte. 'Wie klug der Großvater ist‘, dachte er und war sehr stolz auf ihn.

Sie gingen in die Wohnung hinauf.

„Es ist besser, wir bleiben jetzt alle zusammen im Keller, wie bei den Bombenangriffen“, sagte der Großvater zu den Frauen und trug zusammen mit ihnen noch Decken und Federbetten in den Keller. Zum Schluß holte die Mutter Ulrich. Für ihn stand sogar ein altes Kinderbett bereit.

„Er hat noch immer Fieber“, seufzte die Mutter, als sie eine Hand auf seine Stirn gelegt hatte, die zur Hälfte von einer Wollmütze verborgen war.

'Mit solch einer Wollmütze im Gesicht wäre mir auch heiß‘, dachte Christian, 'und dann bekäme ich wie Ulrich Großmutters Kirschsaft.‘

Die Mutter reichte ihm das Einweckglas. Er durfte die Kirschen herausessen.

'Als ob sie Gedanken lesen kann.‘ Christian schämte sich.

neut stehen. Der Russe beugte seinen Oberkörper vor und streckte seine Hand mit einer Brotscheibe so weit aus, daß Christian das Brot annehmen konnte, ohne sich zu nähern. Dann richtete sich der Soldat schnell wieder auf und fuhr fort, Brot zu schneiden, als hätte er sein Tun gar nicht unterbrochen.

„Danke,“ flüsterte Christian, doch in ihm jubelte es: 'Brot! Brot!‘ Speichel zog sich zusammen. Er mußte laut schlucken. Am liebsten hätte er gleich in die Brotscheibe hineingebissen. Mühsam beherrschte er seine kaum noch zu unterdrückende Gier.

Er lief weiter in den Park hinein zur Gulaschkanone, die neben zwei Parkbänken, mit einem polierten Mahagonitisch davor, unter einer mächtigen Eiche aufgestellt war. Am Tisch saß ein einziger Russe. Er trug im Gegensatz zu den anderen, die in großer Zahl auf dem Rasen lagerten, eine Schirmmütze und auf der Brust eine Unmenge bunter Abzeichen. Der Mann am Tisch war mit dem Koch im Gespräch, der, auf einem Baumstumpf stehend, aus großen Tüten und Eimern, die ihm von einem anderen Soldaten gereicht wurden, Zutaten in das Gefäß schüttete und mit kraftvollen, kreisenden Bewegungen umrührte.

Christian blieb mit den anderen Kindern in einiger Entfernung abwartend stehen.

'Warum heißt die Gulaschkanone nur Gulaschkanone? Es hat nie etwas anderes als Suppe gegeben.‘

Mit einer Kopfbewegung forderte sie der Koch auf näherzukommen und füllte mit einer einzigen, riesigen Suppenkelle das Kochgeschirr bis zum Rand mit Brühnudeln.

Die Kinder lachten ein Dankeschön zu dem Russen hinauf.

Behutsam trug Christian den Topf nach Hause. Die Brot-

„Wo bleiben denn nur Wielands?“ fragte die Mutter den Großvater.

„Die wollen in ihrer Wohnung bleiben.“

Wielands wohnten in der Dachwohnung. Herr Wieland war nach einer schweren Verletzung für den Kriegsdienst untauglich. Man munkelte, er habe selbst dafür gesorgt. Er war Lokomotivführer und Kommunist. Letzteres wußten nur die erwachsenen Hausbewohner, die aber untereinander nie darüber sprachen.

Herr Wieland war ein wortkarger Mann. Nachdem vor drei Tagen der sechszehnjährige Sohn eingezogen worden war, hatte man weder ihn noch seine Frau gesehen. Stundenlang hörte man seine schweren Schritte beim Auf- und Abgehen in der Wohnung. Die weinerliche Stimme seiner Frau klang mit ihrem eintönigen, schleppenden Singsang bis in das Treppenhaus.

Unter ihnen, im ersten Stock, wohnte Tante Grete mit der vierjährigen Helga und der sechsjährigen Jutta, den Cousinen von Christian und Ulrich. Sie waren im Januar bei hohem Schnee mit einem Treck aus Schlesien gekommen, wohin sie evakuiert waren. Ein Rucksack voller Kleidung und zwei Puppen war alles, was sie gerettet hatten. Die Mutter hatte ihnen ihre Wohnung überlassen und war mit ihm und Ulrich zu den Großeltern nach unten gezogen. So war das Wohnen zwar beengt, aber da die Schäden am Haus nur geringfügig waren, noch recht komfortabel. Die Öfen funktionierten, jedes Zimmer hatte wenigstens noch ein verglastes Fenster, und das Dach ließ kein Wasser durch, wenn es auch nur notdürftig vom Großvater repariert worden war.

Der Kellerraum war von der Größe des geräumigen Wohnzimmers der Großeltern. An den Wänden standen rundum Holzpritschen und in der Mitte ein langer Tapeziertisch.

Jutta und Helga stolperten als letzte die Treppe herunter. Tante Grete mußte kräftig ziehen, um die schwere Kellertür zu öffnen. Christian sah den dreien entgegen.

„Wie siehst du denn aus", rief er der Tante zu, die sich daraufhin weitab an den dunkelsten Platz setzte.

Der Großvater sah ihn eindringlich an und tippte kurz mit dem Zeigefinger an seine Lippen.

'Warum hat sich Tante Grete eine Faschingsmaske als Oma gemacht?'

Ihr Gesicht war grau von Asche, das Kopftuch eng über den langen, blonden Haaren, die – das war deutlich unter dem Stoff zu erkennen – in einem Knoten zusammengehalten wurden. Sie trug ein dunkelbraunes Kittelkleid, das die Großmutter sonst an Waschtagen anzog.

„Auf die Erde legen", befahl der Großvater, „schnell!"

Wortlos waren alle seinem Beispiel gefolgt und hatten sich flach auf den Boden gelegt. Christian hob den Kopf und sah, schräg oben durch das Kellerfenster, einen Soldaten im Vorgarten stehen. Er hielt das Gewehr im Anschlag.

„Tatsächlich ein Russe", sagte der Großvater und kroch näher zum Fenster. „Bleibt ruhig liegen, wo ihr seid!"

Der Großvater war inzwischen unterhalb des Fensters und richtete sich vorsichtig auf, um zu sehen, worauf der Russe zielte.

„Was ist denn?" zischte die Großmutter ungeduldig. „Nun sag' schon!"

„Ich kann es nicht sehen", murmelte der Großvater und duckte sich wieder, hielt aber den Kopf lauschend zur Seite geneigt.

'Was horcht er so angestrengt', wunderte sich Christian. 'Das Geschrei des Russen kann man doch wirklich gut hören.'

„Die Windmühle klappert", sagte der Großvater.

Alle hoben die Köpfe, als wollten sie beim Schwimmen nach Luft schnappen, und sahen ihn verständnislos an.

„Seid mal ganz still. Hört ihr nicht auch die Windmühle?"

Erst hörten sie weiterhin nur das wütende Brüllen, unbekannte, sich überschlagende Wortstöße. Aber wirklich. Der Großvater hatte recht. Dahinter war das Knack, Knack, Knack – Knack – Knack, Knack, Knack der Windmühle zu hören. Einen Augenblick war statt der Furcht ein lächelndes Wiedererkennen in ihren Gesichtern. Ungleichmäßig waren die Töne der kleinen Windmühle im Vorgarten, abhängig von jedem Luftzug.

Der Soldat stand noch immer vor dem Haus. Die Gewehrmündung zeigte jetzt auf die Kellerfenster.

„Er kennt das Geräusch nicht; darum hat er Angst. Das ist schlimm für uns."

Der Soldat schrie nicht mehr. Christian hörte nur noch seinen Herzschlag.

„Was kann man da nur machen?" Der Großvater saß in Gedanken vertieft bewegungslos und mit geschlossenen Augen da, als wäre er völlig allein.

Die Stille dehnte die Zeit. Christian wandte den Blick nicht vom Großvater, der sich schließlich rückwärts vom Fenster zur Kellertür schob. Da sie nicht ins Schloß gefallen war, konnte er sie, ohne aufzustehen, mit den Füßen aufdrücken. Und während er sich flink hinausrollte, bremste er mit einem Schuh die schwer zurückfallende Tür, um jedes Geräusch zu vermeiden.

'Wenn nur dem Großvater nichts zustößt. Lieber Gott, du mußt ihn beschützen. Du mußt!'

Christian fröstelte. Regungslos lag er mit den anderen auf dem feuchten Zementboden, bis er die ängstigende Ungewißheit nicht mehr ertrug und aufsprang.

Durch das Kellerfenster sah er, daß der Soldat die Gewehrmündung direkt an den Magen des Großvaters hielt, der sich, langsam rückwärts gehend, mit dem Russen in Richtung der Windmühle bewegte, die durch einen Fliederbusch verdeckt war. Gebannt verfolgte er das Geschehen. Das Rufen der Mutter hatte er nicht gehört. Er preßte sein Gesicht, als könnte er dann besser sehen, fest gegen die Glasscheibe.

Der Großvater hatte sich in der Zwischenzeit der Windmühle so weit genähert, daß er sie, durch das Blattwerk des Busches greifend, anstoßen konnte.

Knack, Knack, Knack – Knack – Knack, Knack, Knack. Das Geräusch war durch den Anstoß lauter als zuvor.

Die ganze Zeit hielt der Soldat das Gewehr schußbereit. Jetzt begriff er und begann so heftig zu lachen, daß Christian fürchtete, daß aus Versehen ein Schuß ausgelöst werden könnte.

Der Großvater stand unbewegt. Endlich hob der Soldat das Gewehr und versetzte der Windmühle damit einen so heftigen Stoß, daß das Geräusch einer unaufhörlichen Gewehrsalve glich, die er mit einem Lachen begleitete, das seinen ganzen Körper ergriff. Es war, als würde die Angst von Jahren herausgeschüttelt und gebrüllt. Schließlich klopfte er dem Großvater auf die Schulter, der nun erleichtert in das Lachen einstimmte.

Als Christian sich umwandte, sah er, daß alle im Keller aufgestanden waren und den Vorgang beobachtet hatten. Sie wirkten von dem Schrecken noch ganz benommen.

Wenig später kam der Großvater mit dem Soldaten die Treppe herunter. Der blieb im Türrahmen stehen, sah nacheinander alle Anwesenden an und fuhr sich dann mehrfach mit der Hand über die Stirn. Eine Geste, als wolle er sich entschuldigen. Gleich darauf drehte er sich abrupt um und rannte die Kellertreppe wieder hinauf.

Alle sahen ihm nach. Keiner sprach. Nur das tonlose, unregelmäßige Klappern der Windmühle war zu hören.

Die Mutter beugte sich über das Kinderbett und nahm Ulrich hoch. Im gleichen Augenblick knallten Stiefel auf den Treppenstufen. Jemand sprang in den Keller herunter und riß die Tür so ungestüm auf, daß sie krachend gegen die Wand schlug. Ulrich schrie erschrocken auf.

Im Türrahmen stand abermals der Russe, die vorgestreckten, riesigen Hände voller Bonbons in buntem Papier. Ulrichs Weinen verstörte ihn. Ratlosigkeit verdrängte das eben noch übermütige Lachen aus seinem Gesicht. Er streckte seinen Arm weiter vor, damit Ulrich von den Bonbons nehmen konnte. Sofort verstummte der und schlug mit einer Hand begeistert in die raschelnden, bunten Kugeln, so daß ein Gutteil davon über den Boden rollte. Schnell sammelten sie die Kinder auf und hielten sie zögernd in den Händen.

Christians Augen richteten sich auf die Mutter.

'Im Radio haben sie gesagt, daß die Feinde Kindern vergiftete Bonbons schenken. Ob der Russe uns vergiften will? Warum sollte er Kinder vergiften? Kinder sind doch keine Feinde.'

„Iß nur", sagte die Mutter, die seinen fragenden Blick verstanden hatte.

Christian wickelte hastig einen Bonbon aus und schob ihn in den Mund, einen zweiten gleich hinterher. Als er die feste, glatte Oberfläche zerbiß, knirschte es. Gierig saugte er die klebrige Füllung.

Der Soldat ging und schloß behutsam die Tür hinter sich. Die Zurückbleibenden lauschten den Schritten, sahen sich an: verwirrt, verwundert, erleichtert. Selbst die Kinder hatte diese Stimmung zum Schweigen gebracht. Vorsichtig, jedes Rascheln vermeidend, wickelten sie ihre Bonbons aus.

Gerade als wieder Bewegung und Worte den Kellerraum mit wärmender Lebendigkeit zu erfüllen begannen, hörten sie Lärm auf der Treppe: Stampfen, Stolpern, Fallen. Dann dumpfe Schläge mit einem Gewehrkolben gegen die Kellertür. Gesang begleitete das wütende Trommeln, eine Mischung von Brüllen, Heulen, ächzendem Lachen und Glucksen.

Die Mädchen und Christian rückten enger zusammen. Alle starrten angespannt auf die Türklinke. Vergeblich versuchte jemand, sie herabzudrücken. Eine Hand glitt mehrfach an der Klinke vorbei über die Tür, bevor diese dann ruckartig geöffnet wurde. Eine schwankende Gestalt sah erstaunt auf die Menschen im Keller und schwieg einen Moment. Alkoholdunst breitete sich aus. Der grölende Gesang begann erneut, und der Russe ging, von einem Bein auf das andere fallend, auf die Großmutter zu, die der Kellertür direkt gegenüber saß.

„Uhri! Uhri!“ schrie er sie an, den Zeigefinger am Abzug des Gewehrs.

Die Großmutter war aufgestanden, zeigte auf ihr nacktes Handgelenk, und schüttelte entschieden den Kopf.

Der Soldat zögerte, sah sie an, schien zu überlegen. Sein Singen wurde wieder wild und kehlig. Schließlich wandte er sich nacheinander an jeden Erwachsenen mit dem Schrei: „Uhri! Uhri!“ Alle schüttelten den Kopf.

„Nix Uhri, Kamerad“, sagte der Großvater in der Hoffnung, der Betrunkene würde ihn verstehen.

Es schien auch so, denn der Russe ließ von seinen Rufen ab und griff stattdessen nach der Tasche, in der Medikamente und Seifenartikel für den Notfall bereitgestellt worden waren. Den Inhalt schüttete er auf einem der Betten aus. Hastig fuhr er mit seinen Händen durch die Röhrchen, Dosen, Schachteln und Flaschen, schob sie auseinander, betastete sie, hielt sie gegen das Licht. Sein Gewehr baumelte hinderlich in der rechten Armbeuge. Die Medizinflaschen schraubte er auf, roch daran und ließ sie dann auf dem Boden zersplittern. Die größte Flasche aber trank er aus. Als er sie absetzte und auf den Zementboden warf, hustete er heftig und griff sich an die Gurgel. Aus der zerbrochenen Flasche stieg ein vertrauter Geruch empor. Es war das Kölnisch Wasser der Großmutter gewesen.

Der Russe schwankte zur Tür und stolperte die Kellertreppe empor.

Erleichterung bei den Zurückgebliebenen. Die Gesichtszüge verloren ihre maskenhafte Angespanntheit. Alle saßen mit leerem Blick erschöpft da.

'Ob das so weitergeht?‘ fragte sich Christian.

Erschrocken sah er, daß der Großvater den Keller verließ, um Lebensmittel zu holen, bevor weitere Soldaten kömmen würden, wie er erklärte.

'Hoffentlich kommen sie nicht, wenn er fort ist!‘

Christian hatte das Gefühl, als wäre er ohne ihn völlig verlassen.

Aber der Großvater kam erstaunlich schnell zurück und brachte Brot, Marmelade und kalten Tee mit. Die Mutter bestrich jedem eine dünne Scheibe.

„Langsam essen und tüchtig kauen!" mahnte die Großmutter, aber die Schnitte war geschwind gegessen und wenig gegen den großen Hunger.

'Ob der Großvater den Brotkanten auch noch verteilt? Wenn alle etwas bekämen, dann wäre es für jeden nur ein daumenstarkes Stück. Würden den Rest wie so oft nur die Kinder bekommen, wäre es immerhin das Doppelte. Aber der Kanten für mich ganz allein, das wäre wunderbar. Bestimmt wäre ich dann mal richtig satt.'

Der Großvater legte Brot und Messer aus der Hand.

„Für nachher", murmelte er und fuhr leise, zu den Frauen gewandt, fort: „Frau Wieland hat mir, als ich oben war, erzählt, daß Neumanns tot sein sollen. Frau Neumann hat erst den beiden Kindern Gift gegeben und dann selber welches genommen. Es sollen nicht die einzigen in der Straße sein."

„Mein Gott", seufzte die Großmutter und faltete die Hände.

Keiner fragte, warum es geschehen sei.

'Frau Neumann vergiftet Hanna und Klaus wie die böse Stiefmutter im Märchen. Aber solche Märchen gibt es doch nicht wirklich.'

Christian fühlte Panik aufsteigen. Nach der Angst um den Großvater und dem hilflosen, furchterfüllten Schweigen, als der Betrunkene im Keller war, brach er bei diesem Gedanken in stoßweises Schluchzen aus.

Tante Grete nahm ihn in den Arm und wiegte ihn wie in kleines Kind. Die Nähe und Wärme tat ihm gut. Er weinte leise vor sich hin.

Der Großvater zündete eine Kerze an, denn es dunkelte bereits.

„Dafür können wir dem Drogisten gar nicht dankbar genug sein", sagte er. „In dieser Zeit Kerzen zu haben ist ein wahres Glück."

Am Vortage hatte der Drogist sein Geschäft aufgelöst. Er hatte seine Vorräte den Stammkunden verkauft, teilweise verschenkt.

„Nur nicht schüchtern sein, greifen Sie nur zu", hatte er freundlich aufgefordert. „Was Sie heute nicht mitnehmen, nehmen schon morgen andere."

Die Kunden hatten sich gefreut, aber doch den Kopf über ihn geschüttelt. Kaum einer wollte glauben, daß die Russen tatsächlich die Stadt einnehmen würden.

Dem ebenso klarsichtigen wie menschenfreundlichen Drogisten verdankten sie nun große Mengen von Seifenpulver, Seife und vor allem mehrere Kartons Kerzen.

Wieder Schritte auf der Treppe. Knallende Stiefel auf den Steinstufen. Zwei russische Soldaten kamen in den Keller. Sie sahen sehr fremd aus mit ihren struppigen, schwarzen Haaren und den leicht geschlitzten dunklen Augen. Sie schwenkten jeder wild einen SA-Dolch, den sie, unverständliche Worte brüllend, auf der Suche nach Schmuck, Uhren und anderen Wertsachen nacheinander in die Matratzen bohrten.

Entsetzt waren alle von den Betten gesprungen. Einer der Soldaten rannte, wütend, da sie nichts gefunden hatten, nochmals von Bett zu Bett und schnitt die Matratzen in ihrer ganzen Länge auf, so daß die Füllung herausquoll.

Der andere Soldat war vor Tante Grete stehen geblieben. Die Dolchspitze berührte ihre Brust. Auf dem Dolch standen die Worte „Alles für Deutschland." Er stand ruhig vor ihr und sah sie an. Alle starrten gebannt auf das blanke, scharfe Metall. Nur der stampfende Schritt des anderen Russen und das Rascheln der Matratzenfüllung war zu hören.

„Frau, komm!" Er senkte den Dolch und griff mit der freien Hand nach Tante Gretes Arm, zog sie bis zur Tür, stieß sie dann hinaus und vor sich die Treppe hinauf.

„Frau, komm!" wiederholte der andere und lief den beiden in das obere Stockwerk nach. Eine Tür wurde aufgetreten. Holz splitterte. Gegenstände fielen zu Boden. Tante Grete schrie. Es waren schrille, dann unartikulierte Töne; schließlich war nur noch ein fernes Wimmern zu hören.

Christian fühlte, wie sich nach und nach die eisige Erstarrung, die ihn über Minuten bewegungs- und gedankenlos gemacht hatte, löste.

'Warum tut denn keiner etwas. Man muß ihr doch helfen!'

Christian bemerkte erst jetzt, daß der Großvater nicht mehr im Keller war.

'Wann ist er denn nachgegangen? Wie lange ist er schon fort?'

Christian hatte keinen Mut zu fragen. Die Großmutter und die Mutter saßen da wie Statuen. Jede von ihnen hielt eines der verängstigten Mädchen im Arm, die leise weinten.

Lange danach ein Poltern im Treppenhaus, als würde ein Sack heruntergeworfen. Stiefelgetrampel die Treppe herab und um das Haus herum. Furchterfüllte Stille. Irgendwann schwere, langsame Schritte. Gleich darauf Stille wie zuvor. Viel später tastende, schleifende Geräusche, die sich näherten.

Die große Kerze war fast heruntergebrannt, als Tante Grete die angelehnte Kellertür aufschlug und rückwärtsgehend den Großvater, wie eine Stoffpuppe an den Schultern haltend, in den Kellerraum zog. Erschrocken waren die Mädchen aufgesprungen und klammerten sich an ihre Mutter, die sich erschöpft auf eine Bettkante hatte fallen lassen. Christian half, den Großvater aufzunehmen und hinzulegen.

Der lag bleich und mit geschlossenen Augen da. Die Haut spannte sich straff über den Backenknochen, so daß das Gesicht wie ein weißes Dreieck aussah. Ein feiner Schnitt schien das Gesicht vom Haaransatz bis zur Nasenwurzel zu teilen. Blut lief einer Tränenspur gleich über die Wangen in den Hemdkragen.

„Stirbt der Großvater?"

Tante Grete schüttelte den Kopf.

Ihr Gesicht war gelbbraun verschmiert. Ein Ärmel war ausgerissen, der andere hing in Fetzen herab. Der Kittel war nur notdürftig mit den verbliebenen Knöpfen geschlossen. Hals, Gesicht und Oberarme zeigten blutunterlaufene Flecken und Kratzspuren.

Der kleine Mann und sein großes Problem

Der kleine Mann, wie ihn alle nannten, trug zusammen mit einem Nachbarn ein Paket aus einem Haus, das einem Stoffballen glich. Sie legten es schweigend und ohne Hast auf einen Leiterwagen. Das Paket war lang, so daß es vorn und hinten überstand.

„Seine Frau ist gestern gestorben“, sagte der Großvater und wies mit einer fast unmerklichen Kopfbewegung auf das Paket.

Christian hatte vor langer Zeit die tote Urgroßmutter in einer langen Kiste liegen sehen. Die Frau vom kleinen Mann war stattdessen auf ein Brett gelegt und mit einem Laken umwickelt worden.

Der kleine Mann trug wie immer seinen grünen Lodenmantel, der ihn besonders klein erscheinen ließ, da er bis auf die Schuhe herabhing.

Vorsichtig zog er den Wagen an und hinter sich her. Den Kopf hielt er leicht seitwärts zurückgewandt, um das Brett mit der Toten im Blick zu behalten. Immer wieder mußte er es zurechtrücken, da es auf dem Leiterwagen hin- und herrutschte, bisweilen sogar zu hüpfen schien.

Christian schlug erschrocken die Hände vor den Mund. Grauen und Heiterkeit hatten sich in einem gurgelnden Laut Luft gemacht. Seine Schultern zuckten.

Er und der Großvater sahen dem nur mühsam vorwärtskommenden Wagen nach, bis er schließlich hinter der nächsten Straßenecke verschwand.

Christian wollte mit der Mutter zur Melzerei gehen, wo die Russen Fleischkonserven aus den Hitlervorräten verteilten. Jedenfalls sagte das Frau Wieland.

Und noch etwas hatte sie gesagt, nämlich das Frau Neumann noch lebe, die sich mit den Kindern aus Angst vor den Russen hatte umbringen wollen.

„Stellen Sie sich vor", hatte sie der Mutter zugeflüstert, „man hat die arme Frau gerettet. Die Kinder sind tot. – Könnten Sie so weiterleben?"

Christian hatte ihre heiseren Worte anfangs wie das feine Ritzen einer Glasscherbe empfunden; schmerzhaft und verwirrend. Doch seine verständnislosen Augen, die in ihrem Gesicht nach Erklärungen suchten, hatten sich zusehends vor Entsetzen geweitet.

'Also ist Frau Neumann eine Mörderin, und Hanna und Klaus sind so tot wie die Frau vom kleinen Mann.'

Es hatte ihm gut getan, daß die Mutter ihren Arm um ihn legte. Sein plötzliches Zittern hatte nachgelassen.

Aus einiger Entfernung waren Schüsse zu hören. Kurze Zeit danach kam der kleine Mann zurück. Der Leiterwagen holperte über das Kopfsteinpflaster. Es sah aus, als bewege sich die Tote ruckartig.

Vor seiner Haustür blieb er kurzatmig stehen, wischte sich mit einem Schalende über das Gesicht, wiegte bedächtig den Kopf und murmelte: „Lottchen, Lottchen, was mach' ich bloß mit dir?"

Der Großvater ging zu ihm. Christian konnte nicht hören, was sie miteinander sprachen. Sie trugen die Tote wieder in das Haus.

„Ihr müßt mit dem Gang zur Melzerei noch warten", sagte der Großvater, als er zurückkam. „Hinter der nächsten Straßenecke schießt ein betrunkener Russe wild um sich."

Christian setzte sich in den Vorgarten, den Rücken an die Hauswand gelehnt, das Gesicht mit blinzelnden Augen der matten Frühlingssonne zugewandt, und zerkaute Grashalme gegen den Hunger.

„Mein Fahrrad ist weg." Herr Wieland kam schwer beladen durch die Gartenpforte. „Der schießwütige Kerl hat es mir abgenommen", schimpfte er laut.

'Das sind deine Kommunistenfreunde. Geschieht dir recht, würde die Großmutter sagen.'

„Ist er denn damit weggefahren?" rief der kleine Mann interessiert über die Straße.

Herr Wieland nickte und zuckte resigniert mit den Schultern. Er war mit seinen Gedanken einzig beim Verlust seines Fahrrades, der kleine Mann bei dem seiner Frau. Erfreut und ermutigt wurde der Leiterwagen wieder vor die Tür gezogen.

Christian war froh, daß die Mutter gerade kam, denn er wollte weg sein, bevor die Leiche herausgetragen würde.

Die Melzerei war ein riesiges, fast fensterloses Backsteingebäude. Von der Straße führte eine Rampe zum Eingangstor hinauf, wo russische Soldaten dabei waren, einen Lastwagen mit Konserven zu beladen.

Christian hatte gehört, daß die Russen den Kindern Konservendosen schenken würden. So war es auch. Während des Beladens warf immer mal einer der Soldaten einer Frau, die ein Kind an der Hand oder auf dem Arm hielt, eine Büchse zu und ebenso den Jungen, die sich nahe genug an den Lastwagen herantrauten. Christian wunderte sich über die vielen Frauen auf dem Platz, denn in den letzten Tagen waren kaum welche auf der Straße zu sehen gewesen. Hier standen sie nun. Ohne Verkleidung. Die meisten jung.

Einem Russen machte es sichtlich Spaß, die Dosen in die Menge zu werfen und zu sehen, wie sie sich verknäulte. Manchmal war ein Aufschrei zu hören, wenn jemand getroffen wurde, oder ein zorniges Brüllen und Kreischen, wenn ein Streit um eine Konservendose entbrannte.

Schließlich machten sich Christian und seine Mutter mit zwei Fleischdosen sehr zufrieden auf den Heimweg.

Auf dem weiten, sandigen Gelände, das die Melzerei umgab, standen Holzbaracken. Dazwischen waren Gräben ausgehoben, die wie ein Labyrinth jeweils bis zur Eingangstür um die Gebäude herumführten. Die verbliebenen Wege waren schmal. Als Christian einen der Gräben übersprang, sah er unter sich riesige, blutige Fleischstücke.

'Ob Mutter die auch gesehen hat? Große Stücke wie Pferdeteile oder auseinandergerissene Menschenkörper.'

Als sie wieder nebeneinander auf der Straße liefen, hatte er zwar kurz fragend zu ihr aufgesehen, aber dann doch geschwiegen, so grausig und unwirklich erschien ihm das Gesehene.

Zwei Querstraßen weiter sahen sie vor sich den kleinen Mann mit dem weißen Leichenpaket. Da die Mutter den Schritt nicht verhielt, wie Christian gehofft hatte, holten sie ihn direkt vor der Haustür ein.

„Ich muß es morgen nochmals versuchen. Bis zum Friedhof ist kein Durchkommen; überall Schutt, Straßensperren und betrunkene Soldaten."

Er wirkte sehr erschöpft. Die Mutter hielt den Wagen fest,

als er mit einem Nachbarn das Brett mit der Toten hochhob, um es erneut in das Haus zu tragen.

In der Küche öffnete die Großmutter gleich eine der Dosen und rührte die Hälfte des Inhaltes in den Suppentopf mit den Kohlrüben. Dabei summte sie leise, fast vergnügt. Beim Erwärmen verbreitete das Büchsenfleisch einen süßlichen Geruch.

Christian rannte zur Toilette und erbrach sich.

Der Russe im Park

Der Widerwille gegen Büchsenfleisch brachte Christian auch an diesem Tag dazu, mit einem Kochgeschirr in den nahen Park zu gehen, wo die Russen ihre Gulaschkanone aufgestellt hatten. Doch obwohl die Soldaten den Kindern stets freundlich und bereitwillig von ihrer Suppe abgaben, schämte sich Christian einerseits dieser Bettelei und andererseits seiner Empfindsamkeit wegen.

'Warum kann ich nicht einfach tun, was nötig ist. Zu stolz wäre ich, geradezu hochmütig, ärgert sich die Großmutter manchmal und hat dann mit frohlockender Stimme eines ihrer Sprichwörter zur Hand: Hochmut kommt vor dem Fall. Wer hochmütig ist, wird irgendwann selbst gedemütigt, so hat sie es erklärt. Irgendwann stimmt aber nicht. Mich demütigt ja schon der Gedanke, um die Suppe zu bitten. Ich kann es mir nicht erklären. Ich kann es nur fühlen.'

Als Christian den Park betrat, sah er einen Russen auf einer Bank sitzen und Brot schneiden. Christian sah gebannt zu, wie er Scheibe um Scheibe abschnitt und neben sich stapelte. Dicke Scheiben weichen, grauen Brotes. Er konnte nicht wegsehen. Er schmeckte förmlich den säuerlichen Teig.

Der Russe winkte ihn zu sich heran. Seine Augen warfen ein heiteres Leuchten über das runde, rotbackige Gesicht. Die schrägsitzende Mütze versank in blondem Haar. Es sah aus, als rage aus gelben Wellen das Segel eines Schiffes hervor. Er machte nochmals eine ausholende Armbewegung.

„Komm. Nix Angst."

Christian ging zwei Schritte auf ihn zu, blieb dann aber er-

scheibe hatte er in der Mitte zusammengeklappt und in seine Jackentasche gestopft. Dieser Schatz machte ihn unruhig, doch er konnte seine Schritte nicht, wie er es wünschte, beschleunigen, sonst hätte er womöglich etwas von der Suppe verschüttet.

Als er daheim ankam, zog die Mutter gerade Uli an. Er stellte das Kochgeschirr vorsichtig ab. Die Mutter sah freudig auf, als wäre sie überrascht, dabei hatte sie ihn, wie schon des öfteren, selbst zur Gulaschkanone geschickt.

Christian hatte es eilig, aus der Küche zu kommen. Leise huschte er im Treppenhaus bis unter die Dachluke und hockte sich in die äußerste Ecke. Dann riß er die Brotscheibe aus der Tasche und stopfte sie in den Mund, fast ohne zu kauen, bis in den Hals.

'Eigentlich müßte ich abgeben, aber dazu ist es zu wenig.'

Er schämte sich und verschlang das Brot noch hastiger.

'Wenn es aufgegessen ist, dann gibt es nichts mehr abzugeben.'

Er fühlte eine unerklärliche Wut. Tränen schossen in seine Augen. Die Mundwinkel wurden feucht und salzig.

Besuch bei Oma Klara

An diesem Morgen hatte sich die Mutter vorgenommen, zusammen mit Christian Oma Klara zu besuchen. Oma Klara, die Mutter von Christians Vater, wohnte in der Innenstadt in Steglitz. Da es keine Post und keine Telefonverbindung mehr gab, hatten sie seit dem Einmarsch der Russen nichts von ihr gehört.

„Hoffentlich ist ihr nichts passiert", sagte die Mutter und packte ein halbes Brot, eine Fleisch- und eine Gemüsedose und fünf Kerzen zum Mitnehmen ein. Die Großmutter sah mißbilligend, aber schweigend zu.

„Die Dosen habe ich für das Waschen und Bügeln von dem Offizier bekommen", sagte die Mutter, die den Blick spürte, ohne aufzublicken.

Die Großmutter verließ die Küche, als ginge sie das Ganze nichts an.

Sie wollten gleich früh am Morgen aufbrechen, denn der Weg war weit und sie mußten vor Einbruch der Dunkelheit wieder zurück sein.

„Seid nur vorsichtig", mahnte der Großvater besorgt und winkte Christian zu sich heran. „Sieh dir den Plan an. Ich glaube, du kannst ihn verstehen, sogar ohne Straßennamen. Aber die kann dir die Mutter, wenn nötig, vorlesen."

Sie standen vor dem Tisch und sahen auf den Tapetenrest, auf den der Großvater den Weg aufgezeichnet hatte.

„Hoffentlich müßt ihr nicht zu oft vom Weg abweichen. Am Wichtigsten ist aber, die Richtung nicht zu verlieren."

Christian nickte verständig.

„Ihr müßt damit rechnen, daß ihr nach drei Viertel des Weges wegen des Teltow-Kanals nicht weiterkommt. Keiner weiß, ob es die Brücke noch gibt."

„Wir werden ja sehen." Die Mutter, die den Plan ebenfalls angesehen hatte, wurde ungeduldig. Sie wollte sich, ohne weitere Zeit zu verlieren, auf den Weg machen. „Notfalls bleibt uns immer noch, wieder umzukehren."

Der Großvater kniff das Tapetenstück zusammen, bis es in Christians Hosentasche paßte.

„Dafür bist du verantwortlich", sagte er, und Christian wußte, daß das ernst gemeint war, denn er war oft wegen seiner guten Orientierung gelobt worden.

Bevor die Russen kamen, waren sie an jedem zweiten Sonntag mit der S-Bahn zu Oma Klara gefahren. Da sich die Großmütter nicht mochten, hatte sie die Oma dagegen selten besucht. Christian hatte sich auf die Bahnfahrt immer gefreut, zumal sie ihm recht lang erschienen war, so daß er sich jetzt gar nicht vorstellen konnte, wie sie den Weg bis zum Abend zweimal zu Fuß zurücklegen sollten.

Unterwegs war es genau so, wie es der Großvater befürchtet hatte. Viele Straßen waren durch Schutt oder ausgehobene Gräben, Panzersperren, Fuhrwerke und zertrümmerte Autos und Panzer versperrt, so daß sie sich Umwege suchen mußten. Oftmals blieb Christian zurück und verglich den Plan des Großvaters mit dem von ihnen zurückgelegten und noch vor ihnen liegenden Weg. Manchmal lief er dann aufgeregt hinter der Mutter her und bat sie, die Beschriftung des nächsten Straßenschildes vorzulesen, und die Straße auf dem Plan zu zeigen.

„Sind wir noch richtig?" fragte einer den anderen und sie waren erleichtert, wenn es sich an Hand des Planes bestätigte.

Gegen zehn Uhr waren sie endlich am Kanal. Die Brücke war tatsächlich gesprengt worden.

Die metallenen Brückenteile waren an beiden Uferseiten nach unten abgeknickt und stachen, zur Mitte des Kanals hin, wie die Spitze eines Dreiecks unter Wasser. Die schrägen Eisenschenkel waren über der Wasseroberfläche mit Stangen, Metallzäunen und Brettern, Draht und Tauen verbunden, so daß ein schmaler Steg von der einen zur anderen Seite die offenene Wasserfläche überbrückte.

Die Mutter ging vor Christian die Schrägung hinunter. Sie hatte das Ende ihres Gürtels aus der Schlaufe gezogen und ihn so gedreht, daß die Schnalle auf dem Rücken war und ein langes Gürtelende herunterhing.

„Faß an und laß nicht los", forderte sie Christian auf. Er versuchte, das Gürtelende locker zwischen ihnen zu lassen, um die Mutter nicht beim Gehen zu hindern. So war er gezwungen, sich ganz eng hinter ihr zu bewegen. Es ging nur sehr langsam nach unten, denn alle waren äußerst vorsichtig. Mit den Händen hielten sie sich am Geländer fest, drückten, um Halt zu haben, den Bauch gegen das Metall und schoben die Füße seitlich Zentimeter um Zentimeter vorwärts. Ab und an stockte der Abstieg, wenn sich jemand nicht gleich über den Steg wagte, wo nur ein Tau statt des Geländers Halt bot.

Am Steg mußte Christian den Gürtel loslassen, denn es durfte stets nur eine Person allein hinübergehen. Die Mutter ging vor und sah von der gegenüberliegenden Seite Christian ängstlich entgegen.

'Lieber Gott laß mich nicht abrutschen. Am besten ich sehe einfach nicht nach unten. Ich sehe nur geradeaus direkt die Mutter an.'

„Christian, achte doch darauf, wo du hintrittst", rief die Mutter.

Erschrocken blieb er stehen und sah auf seine Füße, auf den Steg und das schwarze Wasser, das dagegen klatschte.

„Herrgott, wie lange dauert das denn noch?" schrie der Mann hinter Christian und setzte ungeduldig einen Fuß auf den Steg, der dadurch leicht ins Schwanken geriet.

„Wohl verrückt geworden! Zurück da! Machen Sie dem Kind nicht Angst!" schrien die Leute durcheinander.

„Bleib ruhig Christian!"

„Ich muß weitergehen, aber ich kann die Beine einfach nicht bewegen." Christian stand wie erstarrt.

„Komm, es sind nur noch drei Schritte, und du hast es geschafft", sprach die Mutter ihm zu. Der Mann hinter ihm schwieg.

Christian schob die Füße, ohne sie vom Steg zu heben, behutsam vorwärts. Es schien eine endlose Zeit zu vergehen, bis er die Hand der Mutter fassen konnte.

„Aufwärts ist es sicher leichter, und dann ruhen wir uns erst einmal aus."

Die Menschen hinter ihnen drängten vorwärts. Es war nicht möglich, stehen zu bleiben. Viel schneller als abwärts ging es jedoch nicht. Mühsam hangelten sie sich nach oben, stets einen Blick auf die Füße, ob sie wohl Halt finden konnten; immer tiefer unter ihnen die Wasseroberfläche, ein verzerrender Spiegel. Das Gürtelende war um Christians Handgelenk geschlungen, doch die Angst verließ ihn erst, als sie an der Uferböschung eine Pause machten.

„Richtig abenteuerlich", sagte die Mutter aufmunternd.

Christian zuckte mürrisch die Schultern: „Ich weiß nicht, Abenteuer mag ich, aber das..."

Er wäre gerne unerschrockener gewesen.

„Zurück ist es leichter, dann wissen wir schon, wie es geht", erwiderte die Mutter zuversichtlich.

'An den Rückweg denke ich einfach nicht. Ich tue, als gäbe es ihn nicht. Und wenn die Mutter dann recht behält, um so besser. Nur nicht an das dunkle Wasser denken. Wie tief es wohl ist? So tief wie ein Haus hoch ist?'

Auch auf dieser Seite des Kanals bot sich ihnen das gewohnte Bild: zerbombte Häuser, Krater die die Straßen aufgerissen hatten, zerstörte Fahrzeuge. Wo das Pflaster schon länger aufgebrochen war, wuchsen unbeirrt Gräser und Löwenzahn.

Obwohl sie sich beeilten, erreichten sie erst gegen zwölf Uhr die Straße, in der Oma Klara wohnte. Christian war beklommen zumute.

'Hoffentlich ist ihr nichts passiert!'

„Hier muß es sein." Die Mutter zeigte auf eine verrußte Hausfassade, auf der mit weißer Farbe „Werner wir leben. Sind in Omas Laube." geschrieben stand. Durch den unbeschädigten, aber türlosen Torbogen sahen sie auf das unversehrte Hinterhaus. Dort im vierten Stock lag die Wohnung von Oma Klara. Die Furcht wich. Die hochgezogenen Schultern senkten sich. Sie atmeten erleichtert auf.

Der Hinterhof war auf der einen Seite in einem Quadrat von der Größe eines riesigen Wohnzimmers mit Wäscheleinen abgeteilt, an denen Laken so eng aneinandergefügt hingen, daß der Einblick nur vom Torbogen durch die als Eingang offengelassene Stelle und von oben aus den Fenstern möglich war. In diesem abgegrenzten Teil des Hofes standen, außer einer Gulaschkanone und mehreren Tischen, viele verschiedene Stühle und Sessel sowie ein rotes, mit Samt bespanntes altmodisches Sofa, auf dem ein Russe saß und einer Ziehharmonika langezogene, schwermütige Töne entlockte.

'Oma Klara hat auch so ein Sofa mit weichem, roten Stoff.'

„Verhungert ist Oma Klara jedenfalls nicht", stellte Christian angesichts der Gulaschkanone mit Gewißheit fest.

An einem Tisch saßen einige Frauen und schälten Kartoffeln. Die Mutter nickte ihnen zu.

„Oma Klara ist nicht dabei", sagte sie und ging, ohne eine Frage an die neugierig gewordenen Frauen zu richten, auf das Hinterhaus zu.

Die kleinen bunten Glasfenster, die Christian so gemocht hatte, gab es im Treppenhaus nicht mehr. Diese Fenster hatten es früher bei jedem Wetter goldgelb und freundlich aussehen lassen, als würde die Sonne scheinen. Jetzt wirkte der Aufgang grau und schmutzig, obwohl durch die teilweise unvernagelten kleinen Fensteröffnungen die Sonne zu sehen war.

Nach mehrmaligem Klopfen hörten sie Oma Klara hinter der Tür am Spion. Sie murmelte vor sich hin, hagte gleichzeitig die Sicherheitskette aus und ließ sie gegen die Türfüllung schlagen, während sie ungeduldig den Schlüssel umdrehte und die Tür öffnete. Sprachlos, wie bei einer Begegnung, die niemand mehr erwartet hat, standen sie sich gegenüber. Die Oma vergaß, sie in die Wohnung hereinzubitten.

Erst als die Mutter einen Schritt auf sie zuging, um ihr die Hand zu reichen, trat sie aus dem Türrahmen zurück, und sie konnten eintreten.

Die ungläubige Stille des Wiedersehens schlug bei Oma Klara schnell in hektische Lebendigkeit um. Während sich Christian und die Mutter auf ihr Geheiß an den Küchentisch setzten, zerknüllte sie altes Zeitungspapier, zerriß Pappe und zerbrach eine hölzerne Zigarrenkiste für ein Feuer. Dann kam der Wasserkessel auf den qualmenden Herd.

Christian beobachtete die Oma beim Hantieren.

Sie war eine zierliche Frau, die schon etwas gebeugt ging. Im Gegensatz zu ihrer sonstigen Figur war das Becken, das von dünnen Beinen mit knotigen, blauen Krampfadern getragen wurde, ausladend. Die großen, rissigen Hände verrieten, daß sie in ihrem Leben viel gearbeitet hatte. Durch Haare, die fein wie Spinnweben waren, schimmerte die Kopfhaut. Das Gesicht war oval und knochig, die Mundwinkel neben den schmalen, zusammengekniffenen Lippen herabgezogen.

'Eigentlich ist Oma Klara ein Griesgram. Lachen habe ich sie noch nie gesehen. Sie sieht jeden vorwurfsvoll an. Ihre Stimme ist leise und scharf wie ein Pfiff zwischen den Zähnen. Trotzdem bin ich froh, daß ihr nichts Böses zugestoßen ist. Irgendwie tut sie mir leid. Ich glaube, sie ist sehr allein. Und außerdem mag Mutter die Oma und Oma die Mutter nicht, auch wenn sie beide anders tun.'

„Danke für die mitgebrachten Sachen“, sagte die Oma und ihre Stimme klang, als wäre die Mutter ungezogen gewesen. „Du hättest wohl nicht schon einige Tage eher nach mir alten Frau sehen können?“ fuhr sie im gleichen Ton fort.

„Du weißt doch, wie unsicher die Straßen waren.“

„Ich dachte schon, ihr seid nicht mehr. So lange mit dem Kommen zu warten!“ Oma Klara beachtete den Einwand der

Mutter nicht. Sie schüttelte mehrfach energisch und unwillig den Kopf. Christian fürchtete, die Nadeln könnten sich aus dem grauen Knoten lösen, der, nicht größer als Ulis Faust, die dünnen Haare zusammenhielt.

Die Mutter schwieg.

„Hast du etwas von Paul gehört?“

„Nein. Nach dem Brief von Silvester ist keine Post mehr gekommen. Und der war schon im Mai 1944 geschrieben, also mehr als ein halbes Jahr alt.“

„Wo mag der Junge nur sein? Auch von Franz ist keine Nachricht da. Hoffentlich leben sie überhaupt noch. Das ich mal so allein im Alter wäre, hätte ich mir nicht träumen lassen. Beide Jungs verschollen. Mein Gott, wenn das Vater noch erlebt hätte!

Und ihr laßt euch so lange nicht sehen. Da hat es deine Mutter besser, wo ihr doch zusammen in einem Haus wohnt.“

Der Wasserkessel schickte mit leisem Summen einen weißen Dampffaden durch die Tülle.

Oma Klara zeigte auf einen Spankorb.

„Gottlob habe ich letzten Herbst gesammelt, sonst hätten wir nicht einmal Ersatzkaffee.“

Sie löste mit einem Nußknacker mühelos die Schale von einigen Eicheln.

„Und du zeig‘ jetzt mal, was du kannst!“

Die Oma reichte Christian die Kaffeemühle. Er klemmte sie zwischen die nackten Knie, die aus der weiten, schwarzen Turnhose hervorstachen. Nachdem er die Eicheln mit seinem Taschenmesser grob zerkleinert und damit die Öffnung der Kaffeemühle gefüllt hatte, drehte er sie, so schnell er es vermochte.

'Voran, meine Lok. Wir fahren durch die Stadt. Weg da mit den Trümmern von den Schienen. Schneller, schneller. Da staunt ihr lieben Leute. Meine Lok fährt wieder. Hinter uns quietschen die anhängenden Wagons und stehen fast quer, wenn wir scharf in die Kurve gehen. Noch schneller...'

„Vorsicht", rief die Mutter.

Er hatte die Kurbel der Kaffeemühle, die vermeintliche Steuerung der Lok, so wild gedreht, daß beinahe die kleine Schublade mit dem Eichelmehl herausgefallen wäre.

„Wo der Junge nur immer seine Gedanken hat", erregte sich Oma Klara ebenso erschrocken wie ungehalten.

Sie schüttete das Eichelmehl vorsichtig in die buntgeblümte Kaffeekanne und goß kochendes Wasser darauf.

„Es darf nur kurz ziehen, sonst wird der Kaffee zu scharf", sagte Oma Klara, und sie begannen, sich jeder eine Scheibe des mitgebrachten Brotes mit Schmalz zu bestreichen. Der Brotaufstrich schmeckte gut, denn neben Grieß und Zwiebeln waren viele Kräuter beigegeben, die die Oma Jahr für Jahr sammelte.

„Wie kommst du denn an Eßbares heran?" fragte die Mutter.

„Bisher ging es. Wir haben ja die Gulaschkanone im Hof. Meist geben die Russen etwas her. Manchmal haben sie selbst wenig."

„Christian kommt auch oft mit einem Kochgeschirr voll Suppe von seinen Hamstertouren zurück", warf die Mutter ein, die ihn zum Ausgleich für die Ungeschicklichkeit mit der Kaffeemühle loben wollte.

„Wie es weitergehen soll, weiß ich allerdings nicht", fuhr die Oma fort, „mein Silber und Tisch- und Bettwäsche habe ich schon gegen Lebensmittel eingetauscht. Viel ist jedenfalls nicht mehr da."

Ihr Ton war anklagend, so als hätte die Mutter daran etwas ändern können. Dann schwiegen sie und tranken den Kaffee, der Christian nicht schmeckte.

'Oma Klara fragt gar nicht nach den anderen. Nicht einmal nach Uli. Lieb ist sie nicht. Wenn sie mich streichelt, dann spüre ich nur die rauhe Haut ihrer Hände. Wenn Großvater mich streichelt, dann fühle ich mich wohlig wie in Federn gehüllt oder in der Sonne liegend, im Gras bei Pusteblumen und Sauerampfer.

Nur nicht an Brennesseln denken. Morgen muß ich junge, zarte holen. 'Die stechen nicht und schmecken besser als Spinat', wird die Großmutter versichern. Stimmt aber nicht. Nur nicht ans Essen denken. Eine Scheibe Brot macht erst richtig hungrig. Zu Weihnachten wünsche ich mir zehn Scheiben Brot, ganz für mich allein.'

„Du träumst ja schon wieder", sagte Oma Klara, „oder bist du müde? Du kannst dich ruhig auf mein Bett legen. Das rote Sofa ist nicht mehr da." Sie zeigte mit dem Daumen über die Schulter zum Hof hinunter.

„Nein, das geht nicht", protestierte die Mutter. „Wir müssen zurück. Es wird Zeit für uns."

Oma Klara stand sofort auf, so als wäre es ihr ganz recht, sagte aber mit klagender Stimme: „Erst laßt ihr euch ewig Zeit mit dem Kommen, und dann geht ihr gleich wieder. Na ja, was könnt ihr auch mit einer alten Frau wie mir anfangen."

„Wir kommen nächste Woche mit Brennmaterial. Christian kann Kienäpfel sammeln", überging die Mutter die Bemerkungen.

Christian nickte, aber sofort fiel ihm der Weg ein und daß man mit dem Leiterwagen nicht über den Kanal kam.

„Jeder einen Rucksack voll werden wir schon bringen können“, fügte die Mutter hinzu.

Sie verabschiedeten sich. Oma Klara legte kurz die Hände auf Christians Schultern, ungelenk und schwer.

Er war froh, als sie wieder auf dem Weg waren, obwohl der Gedanke an die Brücke unbehaglich war. Die Mutter lief mit leichten Schritten, als hätte sie Last abgeworfen.

„Oma Klara hat wirklich ein trauriges Leben. Gleich in den ersten Kriegstagen ist ihr Mann, dein Opa, gefallen. Beide Söhne sind vermißt. Sie ist sehr allein.“

Die Worte der Mutter klangen schuldbewußt.

'Aber einer der Söhne ist doch unser Papa‘, dachte Christian und sah seine Mutter von der Seite an.

Und auch um ihretwillten machte ein Gefühl zorniger Trauer der Oma den Anspruch auf das alleinige Leiden streitig.

Der erste Amerikaner

Martin klopfte laut und ungeduldig, rüttelte am Türknauf und stolperte verdutzt vorwärts, als Christian unerwartet flink die Tür öffnete. Er hatte den Freund durch das Fenster auf das Haus zulaufen sehen.

„Der erste Amerikaner…“, stieß Martin atemlos hervor.

„Ja, und?“

„Er stand am Bahnhof, am Schalterhäuschen; stand da, als würden wieder Züge fahren.“

„Ich meine, wie sah er aus?“ fragte Christian.

„Riesig und dünn und …, was soll ich sagen“, Martin zuckte mit den Achseln, „komm doch mit zum Bahnhof und sieh ihn dir an.“

„Du meinst, der steht noch immer da und wartet auf einen Zug?“ fragte Christian ungläubig.

„Es sah so aus.“

„Gut, es ist sowieso keiner da“, sagte Christian, nahm den Schlüssel vom Haken neben der Tür, zog sie hinter sich zu und schloß ab.

Bis zur Ecke vor dem Bahnhof rannten sie, ohne miteinander zu reden. Dort blieben sie kurz stehen, bis ihr Atem wieder regelmäßiger ging, und schlenderten dann wie absichtslos auf einen Baum zu, der auf der dem Bahnhof gegenüberliegenden Seite stand.

Und wirklich. Der Soldat stand noch immer vor dem Schalterhäuschen. Er war groß und hatte stelzige Beine, die in Hosen mit scharfen Bügelfalten steckten.

'Sieht blitzblank geputzt aus. Der würde Großmutter gefallen.‘

Das Gesicht war ein weißer Halbkreis mit einem roten Strich. Der obere Teil des Kreises, der mit den Augen, wurde durch die tiefsitzende Schirmmütze völlig verdeckt.

'Wie kann der nur etwas sehen?' wunderte sich Christian.

Noch mehr wunderte er sich aber über das gleichmäßige Mahlen der Kiefer und das unablässige Schnalzen und Schmatzen des leicht geöffneten Mundes.

„Kaugummi", stellte Martin fest. Davon hatten sie schon gehört.

„Wie ein Wiederkäuer", meinte Christian, der den Blick nicht von dem gleichmütig kauenden Gesicht abwenden konnte.

Der Amerikaner hatte sie bemerkt und winkte sie mit lockerer Handbewegung zu sich heran. Spontan eilten sie über den Fahrdamm, blieben dann aber doch in einiger Entfernung abwartend stehen.

Der Amerikaner wartete und warf ihnen, als er sah, daß sie nicht näher kamen, zwei Streifen Kaugummi zu, die ihnen direkt vor die Füße fielen. Zögernd sahen sie die unbekannten Streifen, dann schauten sie einander fragend an, schließlich bückten sie sich und hoben sie hastig auf. Keiner mochte seinen sofort aufreißen und in den Mund stecken. Sie stopften sie in ihre Hosentasche und liefen zurück über die Straße.

Der Amerikaner hatte sich eine Zigarette angezündet. Christian und Martin lehnten wieder an ihrem Baum.

„Ich glaube, der wartet auf keinen Zug. Der bewacht den Bahnhof", zischte Martin Christian zu.

„Kann sein, aber warum?"

Darauf wußte Christian auch keine Antwort.

Dann hatte er eine Idee: Zigarettenkippen für den Großvater

zum Geburtstag sammeln. Sofort beobachtete er den Amerikaner wieder aufmerksam.

'Hoffentlich verbrennt der sich beim Rauchen nicht die Fingerspitzen, sondern wirft eine gute Kippe weg.'

Der Amerikaner inhalierte tief.

'So, jetzt mach Schluß. Jetzt ist es genug.'

Nochmals machte der Soldat einen tiefen Zug.

'Los, wirf sie weg, sonst machst du dir die Fingerkuppen gelb.'

Endlich warf der Amerikaner den Rest der Zigarette auf den Boden. Freude blitzte in Christians Augen auf. Doch im gleichen Augenblick trat der Soldat auf die Kippe und drehte seinen Absatz bedächtig von rechts nach links.

'Aus. Geplatzt. In den Sand gepreßt.'

So nahe dem Erfolg, fühlte sich Christian geradezu betrogen.

Trotzdem beschloß er, an seiner Geburtstagsidee festzuhalten. Martin, der dem Großvater sehr zugetan war, versprach, ihm dabei zu helfen.

Langsam gingen sie den Weg zurück, die Blicke wegen möglicher Kippen auf den Boden gerichtet. Erst als sie den Amerikaner nicht mehr sehen konnten, griffen sie nach dem Kaugummi, rissen das Papier ab und begannen darauf herumzukauen, wie es der Soldat getan hatte. Sie kauten angestrengt, als gelte es, eine wichtige Aufgabe zu lösen. Durch besonders träge Kaubewegungen bei einem sich karpfenähnlich öffnenden Mund erreichten sie laute, helle Schmatztöne, die unter den Wangen knallten, jedoch sehr bald von ihrem prustenden Lachen verschluckt wurden.

Als sie sich wieder beruhigt hatten, sahen sie den Großvater. Er ging über den Bahndamm und kam ihnen auf dem breiten Fahrdamm entgegen.

„Habt ihr um Kaugummi gebettelt?"

Der Großvater hatte eine Bewegung in Richtung des Amerikaners gemacht. Seine Stimme klang ungewohnt streng. Beide schüttelten den Kopf. Christian schleuderte den Kaugummi mit einem Stoß der Zunge zwischen die Lippen hindurch auf die Straße, wie er es bei dem Soldaten gesehen hatte, und murmelte: „Was zu essen wäre mir lieber."

Martin tat es ihm gleich.

Gemeinsam gingen sie bis zu Martins Haus.

„Warum wollen manche Amerikaner, daß wir nicht auf dem Gehweg, sondern auf dem Fahrweg gehen", wollte Martin wissen.

„Sie haben gesiegt. Sie fühlen sich mehr wert", kam Christian einer Entgegnung des Großvaters stolz zuvor.

„Auch wir kamen uns einmal wertvoller als alle anderen vor", sagte der Großvater und nickte bekümmert mit dem Kopf. „Gut ist, daß du fragst, Martin. Wir haben nicht gefragt, warum Juden nicht auf den Gehwegen laufen oder auf den Parkbänken sitzen dürfen. Irgendwann schien es uns sogar fast normal."

Die Stimme des Großvaters war immer leiser geworden. Er sprach mehr zu sich, als zu den Jungen.

„Aber...", begann Christian.

„Noch könnt ihr vieles nicht verstehen, aber später, in der Schule, da werden sie es euch genau erklären, damit so etwas nie wieder geschieht."

Großvaters Geburtstag

Als der Großvater ins Zimmer trat, standen alle um den Frühstückstisch herum, auf dem eine Kerze brannte, und sangen: „Wir freuen uns, daß du geboren bist…“

Der Großvater verhielt einen Augenblick den Schritt, als wäre er überrascht, und ging dann sehr langsam zu seinem Platz.

'Seltsam', dachte Christian, 'obwohl der Großvater und jeder von uns weiß, wie ein Geburtstag gefeiert wird, sind wir alle immer wieder erstaunt und aufgeregt. Und das nicht nur wegen der Geschenke. Jedesmal denke ich ängstlich, ob es denn auch wirklich wie beim letzten Mal sein würde. Und ich wünsche es mir immer gleich, und es wird mir nie langweilig.'

Wie in jedem Jahr stand ein Kuchen auf dem Tisch; ein goldgelber Gugelhupf, den der Großvater besonders gern aß. Daneben lagen verpackt die Geschenke.

„Na, da staunst du“, sagte die Großmutter und rückte den Kuchen noch etwas näher zum Platz des Großvaters.

„Ja, wirklich, Lenchen, es ist tatsächlich wie immer.“

Ohne den Blick vom Tisch abzuwenden, wischte er sich umständlich mit seinem großen Taschentuch über das Gesicht. Alle sahen auf den Großvater, stumm und bedeutungsvoll. Erst als er sich hinsetzte, nahmen auch die anderen ihren Platz ein. Und als er ein Geschenk auszupacken begann, wurde es gewohnt lebhaft um den Frühstückstisch.

Der Großvater ließ sich Zeit beim Auspacken. Er zog die Schleife auseinander, knipperte den Knoten auf und rollte dann sorgfältig das Band über der Hand auf. Vorsichtig faltete er das

Papier auseinander, dessen Kniffe deutlich die mehrfache Verwendung verrieten.

Die ganze Zeit hingen die Augen der Kinder an seinen Händen. Sie waren starr vor Neugierde.

Schließlich kam ein Paar grauer Wollsocken zum Vorschein, die die Mutter gestrickt hatte. Der Großvater strich lächelnd darüber.

Von Tante Grete bekam er einen Karton mit einem ganzen Brot und einer winzigen Leberwurst. Helga und Jutta hatten Bilder für ihn gemalt. Der Großvater hörte ihnen geduldig zu, als sie ihm ihre gemalten Geschichten erklärten.

Als letztes wickelte er eine alte, flache Blechdose aus. Bisher waren darin Nägel aufbewahrt worden. Jetzt war sie zur Hälfte mit Tabak gefüllt. Während der Großvater sie öffnete, beobachte Christian ihn angespannt in Erwartung besonders freudiger Überraschung.

„So, so“, brummte der Großvater verblüfft und hielt die Dose unschlüssig in der Hand.

'Was gibt es denn zu überlegen‘, fragte sich Christian.

Die Dose wurde mit Entschiedenheit geschlossen.

„Danke Christian“, sagte der Großvater, „du hast es gewiß gut gemeint, aber…“ Der Satz brach ab, und er sah Christian mit einem langen, nachdenklichen Blick an.

'Aber? Warum aber ?‘

Christian wußte es sich nicht zu erklären, mochte aber auch nicht fragen. Er spürte ein Unbehagen, das er zu kennen glaubte, und tatsächlich erinnerte er sich eines ähnlichen Gefühls, als er den Kaugummi, den ihm der Amerikaner zuwarf, vom Erdboden aufgehoben hatte.

Währenddessen hatte die Großmutter den Kuchen angeschnitten, der erstaunlich gelb, fast orangefarben aussah, und jedem ein Stück auf den Teller gelegt. Jutta und Helga hatten ihre Kuchenteller im gleichen Augenblick der Großmutter so hastig entgegengehalten, daß sie klirrend aneinander gestoßen waren.

„Langsam, langsam es ist für jeden etwas da“, wies die Großmutter die Mädchen zurecht.

Die Erwachsenen bekamen jeder eine Tasse Kaffee, der anders als sonst roch. „Ein Geburtstagsgeschenk von Wielands“, sagte die Mutter beim Eingießen.

Tante Grete biß als erste herzhaft in ihr Kuchenstück. Sie sah erschrocken, ohne weiterzukauen, die Großmutter an.

Auch der Großvater begann zu essen. Sein Kopf war tief über den Teller gebeugt. Er kaute ohne aufzusehen.

Tante Grete saß noch immer wie erstarrt mit vollem Mund am Tisch.

Tante Grete hatte wortlos die Kuchenteller von Jutta und Helga zur Mitte des Tisches geschoben. Die Mädchen begannen zu weinen.

„Was ist denn?“ fragte die Mutter, die bisher mit dem Kaffee beschäftigt gewesen war.

Christian hatte derweil auch in den Kuchen gebissen. Der Geschmack erinnerte ihn an Kerzenwachs, wenn er aus Versehen Daumen und Zeigefinger nach dem Kokeln in den Mund gesteckt hatte. Als er weiterkaute, merkte er, daß der Kuchen aber noch viel schärfer und unangenehmer schmeckte. Es würgte ihn. Er schob seinen Stuhl heftig zurück und rannte zur Toilette, um den Rest auszuspucken. Tante Grete war ebenfalls plötzlich aufgesprungen und verschwunden.

„Womit hast du den Kuchen denn gebacken?“ fragte die Mutter gerade, als Christian zurückkam.

Er setzte sich, verunsichert durch den scharf musternden Blick der empörten Großmutter, wieder an den Tisch. Die Gesichter von Jutta und Helga waren naß von Tränen. Ihre Schultern zuckten.

Der Großvater hatte die Hälfte seines Kuchenstückes bereits verzehrt.

„Statt Butter“, sagte sie höhnisch und fuhr mit Genugtuung fort, „habe ich Bohnerwachs genommen.“

Alle schwiegen verblüfft.

„Es sollte doch wie immer sein. Wie hätte ich sonst einen Kuchen backen sollten“, stellte die Großmutter fest und sah Zustimmung erwartend in die Runde.

„Da hat die Großmutter natürlich recht. Es gibt keine anderen Zutaten für einen Kuchen. Aber es ist mein Geschenk, und ihr müßt nichts davon essen, wenn ihr nicht wollt.“ Der Großvater lächelte und schob während des Sprechens seinen Teller ein wenig von sich weg.

Jutta und Helga, die nichts verstanden hatten und immer noch dachten, daß ihnen etwas Köstliches entging, schluchzten leise.

„Wenn es Christian recht ist, tauschen wir den Tabak gegen die Zutaten, die wir für einen richtigen Gugelhupf brauchen“, schlug der Großvater vor. Seine Stimme klang warm, wollte nicht verletzen.

Christian brachte kein Wort heraus. Er konnte nur knapp nicken.

„Ich verstehe die Welt nicht mehr“, sagte die Großmutter

sichtlich erstaunt und setzte dann nachsichtig hinzu, „aber meinetwegen, wenn ihr so empfindlich seid."

'Ich verstehe die Welt ebensowenig', dachte Christian. Unterdrückte Tränen brannten in seinen Augen und verengten den Kehlkopf, machten ihn stumm. 'Alle organisieren, schnorren, betteln oder hamstern und sind stolz darauf. Was stört den Großvater an dem Tabak? Gibt es denn beim Organisieren und alledem ein Richtig oder Falsch, Gut oder Böse?'

Die Mädchen hatten in der Zwischenzeit begriffen, daß es einen anderen Kuchen geben würde, und sangen dem Großvater fröhlich ein weiteres Geburtstagslied.

Der Krankentransport

Es war kurz nach dem Gewitter, als der Lastwagen vorfuhr.

Der Himmel wölbte sich schwarzviolett über Bäumen, Häusern und Ruinen. In der Ferne fraß sich ein heller Riß in den Horizont, der sich zusehends zu einem lichten Fleck erweiterte und Mittagssonne verhieß.

Das Geräusch des schweren Wagens schreckte Christian aus seiner Betrachtung des Gewitterhimmels auf. Er war erstaunt, denn seit die Russen den Stadtteil an die Amerikaner übergeben hatten, und das lag mindestens drei Wochen zurück, war kein Auto mehr durch die Straße gefahren. So überrascht wie er waren auch andere. Kinder taten es ihm gleich und rannten vor die Türen. Erwachsene schauten aus den Fenstern.

Es war ein Armeefahrzeug der Amerikaner. Auf dem Wagen standen dicht gedrängt Frauen, die sich, als unerwartet stark gebremst wurde, an den Seitenwänden oder aneinander festhielten. Sie schwankten heftig nach vorn und mit etwas weniger Schwung zurück, dann noch einmal behutsamer hin und her, wie eine bunte Welle.

Die Frauen, die hinter dem Fahrerhaus standen, kreischten auf. Der Mann am Steuer tat, als höre er sie nicht. Mit der rechten Hand gab er seiner Mütze von hinten einen winzigen Stoß, wodurch sie so weit vorrutschte, daß sie seine Augen fast völlig verdeckte. Gleichgültig lehnte er sich zurück und schloß die Augen. Der Soldat, der neben ihm gesessen hatte, war beim Halten des Lastwagens aus dem Fond gesprungen und hatte die Ladeklappe hinten losgemacht und lärmend herabfallen lassen.

Die Frauen, die eben noch geschrien hatten, begannen nun zu singen. Christian kannte das Lied nicht und konnte den Text nicht verstehen. Er hörte unbekannte, rollende, übertrieben langgezogene Laute, die er für Englisch hielt.

Eine Frau an der Ladeklappe schob dem Amerikaner die Mütze aus der Stirn. „Hey, boy", rief sie, „du darfst uns ruhig ankieken. Ankieken kost' nischt." Ihre metallene Stimme schnitt einen Atemzug lang eine Pause in den plärrenden Gesang.

Sie hatte sich tief heruntergebeugt, so daß ihr Gesicht dem des Soldaten sehr nahe kam. Seine Augen verengten sich. Er verzog verächtlich den Mund. Seine Haltung wirkte straffer und abweisender als zuvor.

„Weißt du, was das bedeutet?" fragte Christian einen etwas älteren Jungen neben sich. Der schüttelte, mit unverwandtem Blick auf das Geschehen, den Kopf.

„Ja, hallo", hörte Christian eine andere Frau, die neben der ersten stand, nun herausfordernd rufen. Ihr regennasses, weißblondes Haar klebte dünn am Kopf. Sie machte einige übermütige Tanzbewegungen, wobei sie die Beine über den Rand des Wagens hinausstreckte und schwang dabei schließlich ihren weiten Rock über den Kopf des Soldaten. Der Stoff umkrauste ihn wie eine altmodische Nachthaube.

Der mißtönige Gesang steigerte sich zu einem wilden Gebrüll. Einige Frauen traten den Rhythmus mit ihren Absätzen und klatschten in die Hände. Ihre Arme hielten sie über die Köpfe gestreckt.

Der Amerikaner war wütend einen Schritt vom Wagen weggetreten. Dabei hatte der zurückschwingende Rock seine Mütze heruntergezogen, die nun in einer Pfütze im Rinnstein lag.

Sein Gesicht war weiß vor Zorn. Die Mütze sog sich voll Wasser.

'Er kann die Mütze nicht aufheben; dazu ist er zu stolz‘, dachte Christian und sah sie von Regenbogenfarben eingerahmt, die er nach dem Gewitter vergeblich am Himmel gesucht hatte.

Vom Lastwagen waren Öl und Treibstoff in das Regenwasser getropft.

'Nun ist sie hin. Keiner muß sie aufheben.‘ Christian fand es gut so und war irgendwie erleichtert.

Die Frauen sangen und trampelten noch immer. Zwischen rotübermalten, riesigen Lippen blitzten die Zähne, als wollten sie zubeißen.

„Wo geht die Reise denn hin, ihr Schönen?“ brüllte ein Alter zum Wagen hinauf.

„Ja, was ist denn überhaupt los?“ schrie ein anderer.

„Wir fahren zum Onkel Doktor... Zum Krankenhaus... Zur Fürsorge“, riefen die Frauen durcheinander.

„Warum?“

„Frag nicht so dumm, Opa! Die Amis wollen uns gesund, nicht mit der russischen Krankheit.“ Das war die mit der metallenen Stimme.

„Ist doch klar, deshalb dürfen sie uns jetzt noch nicht einmal ansehen“, rief die Tänzerin mit dem weiten Rock.

Christian verstand die Antworten nicht und blickte nachdenklich auf die Frauen. Er ging einige Schritte bis zur Hauswand zurück. Von dort konnte er den Wagen besser übersehen. Er merkte nun, daß die lauten, bunten Frauen nur den äußeren Rand bildeten. Weitaus mehr befanden sich dahinter.

Ein Teil von diesen stand bewegungslos, stumm und sehr aufrecht da. Ihre Gesichter waren ernst, der Blick in die Ferne gerichtet, als ginge sie das alles um sie herum nichts an.

In der Mitte zusammengedrängte Frauen hielten ihren Kopf gebeugt. Sie trugen weit über die Augen gezogene Kopftücher. Sie hatten sie angelegt wie die anderen ihren Stolz oder ihre Schminke, um die vielschichtige Wunde der Demütigung zu verbergen.

Die Tücher erinnerten Christian an die verkleideten Frauen beim Einmarsch der Russen, und er spürte ahnungsvoll einen Zusammenhang, den er jedoch nicht zu deuten vermochte.

'Je länger ich zuschaue, um so mehr kommt es mir vor, als täte ich etwas Ungehöriges', dachte er. Und die lärmende Außenreihe auf dem Wagen erschien ihm nun nicht mehr zufällig. Diese Mauer aus grellen Farben und Getöse schützte die übrigen Frauen zu einem Gutteil vor den Blicken Neugieriger.

In diesem Augenblick kam aus einer nahegelegenen Haustür Tante Grete mit Lena am Arm, die auf der anderen Seite von ihrer Mutter gestützt wurde.

Christian hatte Lena seit dem Kriegsende noch nicht wieder gesehen. Und die Lena, die sich zwischen den beiden Frauen zu dem wartenden Lastwagen begab, schien auch kaum der zu gleichen, die er gekannt hatte. Das ehemals pausbackige Gesicht war schmal und weiß. Die Augen noch ebenso groß, aber ohne das warme, strahlende Lachen darinnen. Stattdessen sah er in schwarze Löcher, so als wären die Augäpfel nach innen gefallen.

„Lena", sagte er leise. Und noch einmal etwas lauter: „Lena!"

Doch obwohl sie sehr nahe und langsam an ihm vorüberging, hörte sie ihn nicht, nahm ihn nicht wahr.

'Was ist mit ihr geschehen? Was hat sie mit diesem gräßlichen Transport zu tun?'

Der Amerikaner sah den Frauen und Lena entgegen. Seine Gesichtszüge wirkten jetzt weniger verschlossen, verrieten Anteilnahme. Er streckte den Arm in der Absicht aus, Lena beim Aufsteigen zu helfen. Aber so behutsam die Geste auch war, Lena erschrak und preßte sich angstvoll an ihre Mutter.

Der Soldat errötete und trat zur Seite. Tante Grete und Lenas Mutter hoben sie hoch. Von oben griff eine der Frauen unter ihre Achseln und zog sie zu sich hinauf. Es bedurfte keiner besonderen Anstrengung, denn Lena war erschreckend abgemagert.

Die Frauen mit den Kopftüchern hoben erstmals den Blick. Eine der Stolzen aus der Mitte rief den temperamentvollen Blondinen im Befehlston zu: „Schweigt!" Die sahen sie erbost an, aber ihr Gesang wurde dünner.

„Haltet endlich den Mund", rief die Stolze erneut scharf.

Der Lärm des äußeren Ringes verstummte, als habe ein Dirigent den Taktstock gesenkt. Die Dissonanz vibrierte noch einen Augenblick in der schwülen Gewitterluft, bevor sich bedrükkende Stille zwischen Häusern und Pflaster niederließ.

„Was macht denn das Kind hier?" stammelte bestürzt eine der Frauen.

Tante Grete war unterdessen auf den Wagen gestiegen. Lenas Mutter wollte folgen, doch der Soldat hielt sie zurück. Sie sah ihn verzweifelt an, zeigte zuerst auf Lena, dann auf sich und sagte: „Mutter. Ich bin ihre Mutter."

Der Amerikaner hatte verstanden. Er zögerte, sah nochmals zu Lena hinauf, half dann aber der Mutter aufzusteigen. Sofort warf er hinter ihr laut und eilig die Ladeklappe hoch, machte sie fest, ging mit entschlossenem Schritt zum Fond des Wagens und schwang sich hinein. Während die Tür zuflog, fuhr der Chauffeur schon an. Der Lastwagen entfernte sich dröhnend.

Christian hatte alles genau beobachtet, aber nicht verstanden. Fragen schwirrten wie Fliegenschwärme durch seinen Kopf und machten ihn unruhig. Als er sich zum Gehen umwandte, sah er ganz in der Nähe seine Mutter. Sie mußte Tante Grete gefolgt sein.

„Wo fahren sie hin?" fragte er, als er neben ihr stand.

„Zum Krankenhaus."

„Mit einem Lastwagen?"

Die Mutter antwortete nicht. Sie sah dem Wagen immer noch nach.

„Lena sah sehr krank aus, aber die anderen?"

„Das verstehst du nicht. Dafür bist du noch zu klein."

„Aber Lena ist nur zwei Jahre älter als ich."

„Eben. Das ist es ja."

Die Mutter hatte wie zu sich selbst gesprochen und ging in Gedanken versunken ins Haus. Christian wußte, daß sie nichts mehr sagen würde, und beschloß, die Rückkehr der Tante abzuwarten. Erst jetzt fiel ihm ein, daß er die Mutter gar nicht nach ihr gefragt hatte.

Die Zeit schlich in eintönigem Grau dahin. Die Sonne hatte den düsteren Gewitterhimmel weder am Mittag noch Nachmittag durchdringen können. Der Abend war dadurch fast übergangslos hereingebrochen.

Christian hatte lange ungeduldig gewartet, bevor er Tante Grete im Treppenhaus hörte. Er ging ihr entgegen und mit ihr in die Wohnung hinauf. Die Mädchen schliefen schon, so daß sie auf Zehenspitzen in die Küche schlichen. Tante Grete setzte sich erschöpft an den Tisch. Christian zögerte, seine Fragen zu stellen. Er ließ sich ein Glas Wasser einlaufen.

„Möchtest du auch?"

Tante Grete sah überrascht auf, als nehme sie ihn erst jetzt wahr.

„Gern."

Er ließ das Wasser kurz in den Abguß laufen, damit es recht kalt sei, bevor er ihr das gefüllte Glas reichte. Sie trank hastig.

„Ist Lena sehr krank?" getraute er sich nun zu fragen.

Tante Grete nickte und stellte behutsam das Glas vor sich auf den Tisch.

„Hat sie Ruhr? Typhus?"

Tante Grete sah ihn zutiefst bekümmert an.

„Ihre Seele ist krank", sagte sie sehr leise.

„Ist das schlimm?"

„Am schlimmsten."

„Kann sie daran sterben?"

„Ich fürchte ja", sagte Tante Grete. Jedes dieser Worte beim Sprechen völlig vom nächsten abgetrennt, verfolgte sie erstmals auch für sich diesen Gedanken bis hin zu der bestürzenden Erkenntnis.

Christian ging still aus der Küche. Er hatte trotz sommerlicher Temperatur eine Gänsehaut. Erst als er wieder im Bett lag, fiel ihm ein, daß er vergessen hatte, Tante Grete zu fragen, ob sie auch krank sei.

'Wie mag das sein, eine kranke Seele zu haben?' dachte er und sah Lena vor sich, wie sie früher gewesen war: rosig, rund, lachend und lebhaft.

'Habe sie immer beneidet. Sie durfte beim «Vater-Mutter-Kind-Spiel» immer die Mutter sein. Ich war immer nur der Vater, der mit dem Rad zur Arbeit fahren und Eßbares besorgen mußte. Obst und Möhren vom Nachbarn aus dem Garten. Kirschen stehlen. Kerne um die Wette spucken, gespitzte Lippen wie zum Pfeifen, plötzliches Prusten. Ein Knall wie ein platzender Ballon. Lena lacht. Lena lacht lustig – lacht putzig – lacht – schmutzig – grau – ist eine Seele weiß – unsichtbar – lacht Lena unsichtbar…'

Seine Gedanken hatten sich müde und wund gelaufen und versanken in unruhigem Schlaf.

Die Hamstertour

„Heringe können bei der hochsommerlichen Hitze verderben", hatte die Mutter erklärt.

So machten sie sich also schon um sieben Uhr auf den Weg nach Dietersdorf, um dort Heringe, die sie auf Zuteilung erhalten hatten, gegen Kartoffeln und womöglich ein Eckchen Speck oder Butter zu tauschen. Christian war es ganz recht, daß sie früh losgingen, denn dann würden ihn die Mücken nur auf dem Rückweg quälen.

Die Mutter schritt so zuversichtlich aus, daß sich Christian anstrengen mußte, um Schritt zu halten.

„Die Bauern haben alles, aber keine Fische. Also werden wir gut tauschen können." Der Satz klang hell und munter, fast als würde die Mutter zu singen beginnen. Christian ließ die leere Sackleinentasche übermütig durch die Luft kreisen.

„Wieviel Kartoffeln werden wir denn bekommen?" wollte er wissen.

„Ich denke fünfundzwanzig Pfund. Auf Butter oder Speck wollen wir besser nicht hoffen."

„Also die ganze Tasche voll."

Die Mutter zeigte auf ihren Beutel mit den Heringen: „Und diesen noch dazu."

Christian dachte an den zehn Kilometer langen Rückweg und das Gewicht. Dennoch fühlte er sich bei dem Gedanken an die gefüllten Taschen wohl.

„Auf dem Rückweg machen wir hier im Wäldchen unsere Pause und sammeln die Rucksäcke voll trockenes Anmachholz."

'Ausgerechnet in der Schonung, wo die Mückenschwärme dicht und tief unter den kleinen Bäumen herumschwirren.' Christian spuckte Speichel in seine Hand und strich damit seufzend über aufgekratzte Mückenstiche.

Nach dem Waldstück liefen sie auf einer Landstraße, deren Rand alte, knorrige Apfelbäume säumten. Die Früchte hatten nur die Größe von Pflaumen, waren grasgrün und so hart und sauer, daß Christian stets nur ein kleines Stück abbiß und zur Erfrischung lutschte. Er hatte die böse Erfahrung gemacht, daß zuviel davon Durchfall verursachte.

Der Himmel war hoch, die Luft weich und noch kühl. Auf den Wiesen lag die Feuchtigkeit des Morgens. Tauperlen schaukelten an leichtgebeugten Gräsern.

Bis zum Dorf begegnete ihnen kein Mensch. Nur in der Ferne sahen sie manchmal Leute bei der Feldarbeit. Die Mutter verlangsamte auch nach fünf Kilometern nicht ihren Schritt.

„Es ist gut, daß es so früh ist, dann sind wir als erste bei den Bauern. Wenn noch niemand bei ihnen war, sind sie sicher freundlicher als sonst."

Christian sah die Mutter aus den Augenwinkeln an. Ihre zaghafte Stimme widersprach ihrem hoffnungsfrohen Reden.

Nachdenklich stieß er einen harten, unreifen Apfel mit dem Fuß vor sich her.

'Sie geht so ungern hamstern wie ich', stellte er ohne Erstaunen, eher mit einer gewissen Befriedigung fest. 'Es geht ihr wie mir. Sie kennt den rasenden Herzschlag, die glühenden Wangen, die eisigen Hände, die Übelkeit mit Nebelschwaden vor niedergeschlagenen Augen, das Schwanken auf drehender Scheibe. Sie schämt sich wie ich.'

Die Gedanken über diese Gemeinsamkeit stimmten ihn traurig, seine Hilflosigkeit machte ihn wütend.

Irgendwo schlug ein Hund an. Christian erschrak. Vor einigen Wochen hatte sie ein Bauer Bettlerpack geschimpft und mit einem Hund vom Hof gejagt. Er hatte das Geschehen sofort wieder vor Augen: den tiefroten Schlund mit den spitzen Zahnreihen, dazwischen die Zunge, wie eine Flamme aus schäumendem Geifer hervorschnellend.

Hinter hohen Birken und Holundersträuchern wurde das erste Gehöft sichtbar, das vom Krieg völlig verschont geblieben war; links das Haus und die Stallungen, daneben, quergestellt, eine riesige Scheune. Der Hund vor der Hundehütte zerrte bei jedem Kläffen an der Leine. Je näher sie dem Hof kamen, um so wilder gebärdete er sich. Sie gingen mit einem großen Bogen auf die Haustür zu, so weit von dem Tier entfernt, wie es nur ging.

Die Mutter klopfte.

„Wer da?“ schrie eine unwillige Stimme.

„Wir haben Fische zum Tauschen“, entgegnete die Mutter.

„Was?“

Die Mutter hatte zu leise gesprochen. Christian fühlte sich unbehaglich und wäre am liebsten weggelaufen.

„Wir haben Heringe.“ Die lautere Stimme der Mutter zitterte ein wenig.

Ärgerlich wurde die Tür aufgerissen. Sie wichen erschrocken zurück.

„Gestern Fische! Vorgestern Fische! Nichts als Fische!“

Eine alte Frau stand vor ihnen, die Arme in die Hüften gestemmt. Sie war so zart, daß man ihr die kräftige, keifende Stimme nicht zugetraut hätte.

„Habt ihr nichts Besseres? Silberbestecks, Schmuck, Bettwäsche?“

Die Mutter bewegte verneinend den Kopf, langsam, als wäre er sehr schwer.

'Wie enttäuscht sie ist. Wo sie doch dachte, wir wären die ersten mit unseren Heringen.'

Die Alte hatte jedes Interesse an ihnen verloren. Sie wischte sich die Hände an der Schürze ab und schüttelte nun ihrerseits den Kopf, als staune sie über soviel Einfalt, nur mit Heringen handeln zu wollen, wandte sich um und ging ohne ein weiteres Wort in das Haus zurück. Die Tür wurde energisch geschlossen.

Eine Weile standen sie wortlos davor.

„Wir müssen es weiter versuchen. Sicher haben nicht alle Fische gehabt“, sagte die Mutter mit bemüht munterer Stimme, „Wir sollten aber erst in der Mitte des Dorfes unsere Heringe anbieten. Vielleicht sind nicht alle bis dahin gegangen“, fuhr sie, vorsichtig einer weiteren Enttäuschung vorbauend, fort.

Christian meinte den abschätzigen Blick der Bäuerin im Rücken zu spüren, so als schaue sie ihnen durch das Fenster nach, und war froh, nicht gleich an die nächste Tür klopfen zu müssen.

'Ich glaube, der Mutter geht es nicht anders.'

In der Mitte des Dorfes entschieden sie sich für ein flaches, weißes Haus, hinter dem sich, durch ein großes, schmiedeeisernes Seitentor zugänglich, der Hof erstreckte. Wenigstens war kein Hund vor der Haustür. Christian hielt das für ein gutes Zeichen.

Es blieb lange still im Haus, nachdem die Mutter geklopft hatte. Sie dachten schon, daß keiner im Haus sei und sie doch auf den Hof gehen müßten, als schließlich die Tür einen Spalt geöffnet wurde. In der Höhe der Klinke betrachtete sie aufmerksam ein braunes Auge.

„Wir haben Fische“, sagte die Mutter zu dem kleinen Mädchen, das die Tür etwas weiter geöffnet hatte und nun zur Hälfte im Türrahmen zu sehen war.

„Die Eltern sind auf dem Feld. Aber wir hatten schon viele Fische“, antwortete eine Stimme, die dunkler als die eines Kindes, doch völlig im Einklang mit dem ernsten Ausdruck der Augen war.

„Na, dann auf Wiedersehen“, sagte die Mutter matt und lächelte, schon im Gehen begriffen, dem Mädchen freundlich zu.

Sie gingen weiter.

„Halt“, hörten sie das Kind hinter sich, „habt ihr denn nichts anderes?“

„Nichts“, sagte Christian und hielt, um es zu beweisen, mit verlegenem Lachen seine Tasche mit der Öffnung nach unten.

„Stimmt es, daß alle Häuser in der Stadt zusammengefallen sind?“ fragte sie Christian hastig, da sie sah, daß die Mutter weitergehen wollte.

„Viele, nicht alle.“

„Wo wohnen denn dann alle die Leute, die mit Fuhrwerken, Kinderwagen und Karren durch unser Dorf in die Stadt geflohen sind?“ fragte sie beharrlich weiter.

„Wenn sie keine Verwandten hatten, durften sie nur eine Nacht bleiben.“

„Und es gibt wirklich nichts zu essen?“ Sie sah Christian ungläubig an.

„Wenig.“

'Ja weiß sie denn gar nichts', wunderte er sich.

Das Mädchen stand nachdenklich vor ihnen.

„Ich bringe euch zu Onkel Paul. Der wohnt so versteckt, daß ihm sicher noch keiner Fische gebracht haben wird", sagte sie plötzlich mit Bestimmtheit.

Sie gingen durch das Dorf; das Mädchen zwischen der Mutter und Christian. Das Mädchen fuhr fort, Christian begierig zu fragen, so als habe sie schon immer auf die Gelegenheit gewartet, einen Jungen aus der Stadt zu treffen, um die von den Erwachsenen hier und da aufgeschnappten Worte zu prüfen, zu ordnen und zu verstehen.

Sie verließen das Dorf, ließen den Friedhof hinter sich und standen zehn Minuten später ganz unerwartet vor einem kleinen Gehöft, das bis dahin mehrere Linden und Kastanienbäume verborgen hatte.

„Onkel Paul", rief das Mädchen, hüpfte fröhlich durch die angelehnte Tür und winkte ihnen nachzukommen.

„Onkel Paul!"

Die Mutter blieb mit Christian zögernd an der Schwelle stehen.

„Wo brennt es denn, Trautchen?"

Sie sahen einen behäbigen Mann in blauem Arbeitszeug am Tisch sitzen, vor sich Butter, Honig, Schinken und Brot. Der Geruch nach echtem Kaffee füllte den Raum mit Erinnerungen. Erst nachdem es dem Mann gelungen war, mit den Fingern eine Fliege aus der Dickmilch herauszufischen, sah er auf, sah hinter dem Mädchen die Mutter und Christian im Türrahmen stehen. Er war unwillig, mochte es dem Mädchen aber nicht zeigen.

„Was habt ihr?“ fragte er ohne Umschweife.

„Heringe.“

„Ich dachte, du hast gewiß noch keine gehabt.“ Das Mädchen lächelte den Onkel unbekümmert an.

„Sonst habt ihr nichts?“ wollte der wissen.

„Nur die Fische“, bestätigte die Mutter.

„Laßt mal sehen.“

Die Mutter ging zum Tisch und wickelte die Fische aus.

„Was wollt ihr dafür?“

„Fünfzehn Pfund Kartoffeln“, antwortete die Mutter, ohne lange zu überlegen.

'Sie wollte doch fünfundzwanzig Pfund.'

Christian sah die Mutter an. Die erwiderte seinen Blick mit einem kurzen Schließen der Augenlider und einem fast unmerklichen Kopfnicken. Christian verstand.

'Die Mutter hat recht. Wenn alle Fische gehabt haben, dann können wir froh sein, unsere überhaupt noch eintauschen zu können.'

Der Bauer lachte laut in Christians Gedanken hinein.

„Ein Vermögen für ein paar Heringe. Das kann doch nicht euer Ernst sein?“

Das Mädchen zupfte ihn am Ärmel.

„Davon verstehst du nichts“, wehrte er sie, nun doch etwas unwirsch geworden, ab, „aber ich will kein Unmensch sein. Zehn Pfund, aber kein Stück mehr.“

Christian und die Mutter sahen einander an. In ihrem Blick lag entmutigtes Einverständnis.

„Gut“, sagte die Mutter nach diesem kurzen Zögern.

„Dann komm mit.“ Der Bauer zeigte auf Christian. Das

Mädchen begleitete sie in eine Kammer, die hinter dem Zimmer lag. Die Mutter blieb allein zurück.

Der Bauer schüttete Kartoffeln in die Sackleinentasche. Dann wog er sie, nahm eine Handvoll wieder heraus, warf eine große und schließlich eine kleine Kartoffel dazu. Er ließ sich Zeit beim Auswiegen.

Als Christian mit den Kartoffeln in das Zimmer zurückkam und den reich gedeckten Tisch vor Augen hatte, erfaßte ihn eine ohnmächtige Wut. Er stürmte geradezu hinaus.

„Ich gehe mit ihnen ins Dorf", rief das Mädchen dem Onkel zu, der ihr freundlich zunickte. Dagegen schenkte er der Mutter keinerlei Beachtung, sondern beugte sich, scheinbar erneut eine Fliege angelnd, tief über die Schüssel mit der Dickmilch.

„Seht ihr, nun habt ihr doch die Fische tauschen können", freute sich das Mädchen, sichtlich stolz, in der Meinung, ihnen zu einem guten Handel verholfen zu haben.

'Der Onkel hat recht', dachte Christian, als sie sich mit vielen Dankesworten von ihr verabschiedeten, 'sie ist lieb, aber vom Handeln versteht sie wirklich nichts.' – Und nach einer Weile setzte er seine Gedanken fort: 'Und die Mutter und ich auch nicht.'

Eine Viertelstunde etwa, nachdem sie sich von dem Mädchen getrennt hatten und das Dorf schon nicht mehr zu sehen war, entschlossen sie sich zu einer kurzen Pause. Sie sprangen über den schrittbreiten Wassergraben neben der Landstraße, suchten Halt in der Grasnarbe und kletterten die Böschung hinauf. Die Mutter nahm Christian die Tasche mit den Kartoffeln ab und lehnte sie gegen den Stamm eines Apfelbaumes, in dessen Schatten sie, jeder in seine Gedanken versunken, ein von Kunsthonig durchweichtes Brot aßen.

Die Sonne stand heiß am ungetrübt blauen Himmel. Kohlweißlinge und Pfauenaugen schwebten unhörbar von violetten Kleeblüten zu rotem Klatschmohn.

Nach dem Essen ging Christian über die Wiese und stach Löwenzahn für die Kaninchen aus und stopfte das Grün vorn in sein Hemd, das sich wie ein Ballon füllte.

„Wir sollten gehen", rief die Mutter nach einiger Zeit, und als er sich aufrichtete, hatte sie die Kartoffeltasche schon aufgehoben und verschwand unterhalb der Böschung. Er lief ihr flink nach und kam dazu, wie sie gerade dabei war, über den Graben zu springen. Damit die Kartoffeln nicht aus der Tasche herausfallen konnten, falls sie das Gleichgewicht verlor, hielt sie diese vorsorglich hoch und weit von sich weg. So erreichte sie die Seite jenseits des Grabens, doch dann stolperte und stürzte sie. Die Kartoffeln rollten auf die Landstraße.

Christian hatte das Geschehen mit angehaltenem Atem von der Böschung aus verfolgt. Aufgeregt hatte er den Löwenzahn fest an die Brust gedrückt, die nun von der milchigen Flüssigkeit der Stiele klebrig war.

Die Mutter war aufgestanden. In der Hand hielt sie noch immer einen Griff der Tasche, die fast leer war. Christian sprang die Böschung herunter und über den Graben.

„Bist du verletzt?"

„Ich glaube, es ist nichts weiter."

Er nahm ihr die Tasche aus der Hand und begann, die Kartoffeln aufzusammeln. Die Mutter hatte sich in das Gras am Straßenrand gesetzt und rieb ihren rechten Fuß.

'Hoffentlich ist der Fuß heil. Wie kommen wir sonst nach Hause. Im Dorf helfen sie uns sicher nicht.'

Der Löwenzahn war beim Sammeln hinderlich. Christian riß sein Hemd aus dem Hosenbund, schüttelte die Blätter heraus und half mit den Händen bei dem am Körper haftenden Rest nach. Plötzlich hörte er Motorengeräusch. Hastig, ohne aufzusehen, klaubte er die Kartoffeln weiter auf. Das Brummen eines Lastwagens kam schnell näher. Über dem Dröhnen vernahm Christian einen unverständlichen Ruf der Mutter, der wie der spröde Ton einer gerissenen Saite klang. Der Wagen bremste nicht ab und wich nicht aus. Im letzten Augenblick sprang Christian zur Seite. Die riesigen Räder zerquetschten die noch auf der Straße liegenden Kartoffeln zu flachen, feuchten Fladen. Christian starrte den Rädern mit den tiefen Profilen fassungslos nach. Er stand unbewegt. Langsam wandelte sich Ungläubigkeit in Zorn, der mit Tränen aus den Augen spritzte.

„Das geht doch nicht", stieß er hervor, „das kann doch keiner machen."

Die Mutter stand hoch aufgerichtet und reglos am Straßenrand, das Gesicht mit den Händen bedeckt.

'Ich glaube, sie weint. Säße sie noch im Gras, könnte ich sie umarmen und trösten. Doch sie steht riesengroß und einsam da, so als dürfte sie niemand stören.'

Er fühlte sich verlassen und ratlos. In der einen Hand hielt er noch immer die halbgefüllte Tasche, mit der Faust der anderen rieb er seine Augen trocken.

Wieder fiel sein Blick auf die plattgedrückten Kartoffeln. Nur wenige ganze lagen noch auf der gegenüberliegenden Straßenseite.

„Was machst du denn?" hörte er die Mutter verwundert fragen.

Er hatte begonnen, mit seinem Taschenmesser die Kartoffelreste vom Asphalt zu kratzen und in die Tasche zu werfen.

„Wenn wir alles gründlich waschen, können wir Kartoffelpuffer daraus machen."

Unerwartete Heiterkeit breitete sich in ihm aus. Und selbst die Mutter mußte angesichts seines ebenso ungewöhnlichen wie vernünftigen Einfalls lächeln.

Die Arbeitssuche

Die Mutter besah die wenigen restlichen Abschnitte der Lebensmittelkarten und warf gleichzeitig einen Blick auf das Datum der Zeitung, die der Großvater aufgeblättert hielt.

„Fünf Tage noch. Unmöglich“, redete sie gedankenverloren vor sich hin.

„Was ist?“ fragte Tante Grete. Sie war dabei, für die Erwachsenen den Eichelkaffee zum Frühstück einzugießen. Vor den Kindern stand dampfender Kamillentee.

„Wenn du wie besprochen künftig die Kinder versorgst, gehe ich zur Arbeitsvermittlung und suche mir eine Stelle.“ Die feste Stimme der Mutter verriet, daß ein zermürbendes Abwägen für sie beendet war.

„Ich würde ja auch...“, begann Tante Grete.

„Weiß ich doch, aber noch bist du zu schwach.“

Der Großvater hatte die Zeitung sinken lassen. „Wenn ich nur könnte, wie ich wollte...“

Die Mutter schüttelte ungeduldig den Kopf: „Wir haben doch alles besprochen, und nun machen wir es auch so. Je schneller ich arbeite, um so eher haben wir wenigstens eine bessere Lebensmittelkarte.“

„Was willst du denn arbeiten?“ warf die Großmutter, die bisher schweigend das Brot aufgeschnitten hatte, ein und beendete damit die Diskussion, die es tagelang im Famlienkreis gegeben hatte.

„Das wird sich finden.“ Die Mutter hob gleichmütig die Achseln. „Vielleicht bekomme ich sogar etwas bei der Arbeitsvermittlung“, fügte sie nachdenklich hinzu. „Die ist im gleichen Gebäude wie früher die Kartenstelle, wo ich bis zu Ulis Geburt gearbeitet habe."

Sie hatte sich immer lebhafter in diese verlockende Vorstellung hineingeredet und alle ein wenig mitgerissen, so daß die anfangs gedrückte Stimmung verflog. Es war wieder wie jeden Morgen. Beim Stullenstreichen klapperten die unebenen Frühstücksbrettchen, Tassen und Gläser klirrten, und die Stühle stöhnten altersschwach, wenn die Kinder kippelten.

Die Erwachsenen redeten über den neuen Tag. Die Kinder aßen schweigend, wie es sich gehörte.

„Wir dürfen das Impfen nicht vergessen", erinnerte Christian.

„Noch ist die ganze Woche Zeit, aber für mich liegt es auf dem Weg", sagte die Mutter.

„Kann ich zur Arbeitsvermittlung mitgehen?"

„Wenn du willst."

Die Impfstelle war in einem Seitentrakt der Schule untergebracht. Eine Menschenschlange stand vom Eingang bis zur Straße herunter. Dennoch brauchten sie nicht lange zu warten, denn da es ständig Impfungen gab, waren alle in den Ablauf eingeübt, und es kam zu keinen Verzögerungen.

Wie die anderen vor ihm, hatte Christian, schon bevor er an der Reihe war, den Ärmel hochgeschoben. Unaufgefordert streckte er, als er vor der Krankenschwester stand, den linken Arm hin und ballte die Hand zur Faust. Feuchter Tupfer, fester Druck, zusammengebissene Zähne, den Kopf zur rechten Seite weggedreht. Einstich, kurzes Einhalten, leichtes Brennen. Herausziehen der Nadel, Nachdrücken, Pflaster auf die Einstichstelle.

Christian hatte es hinter sich und war zutiefst erleichtert.

'Warum habe ich immer die gleiche Angst? Ich erschrecke

beim Einstich der Nadel, obwohl ich ihn erwarte. Meist tut es überhaupt nicht weh.‘

Schon war der nächste dran. Jeder kannte die unliebsame Prozedur und ließ sie mit äußerlich stoischer Ruhe über sich ergehen. Die anfänglichen Ohnmachten waren eine Seltenheit geworden. Kaum einer achtete noch auf die Betroffenen, die zusehen mußten, rechtzeitig einen Stuhl zu finden.

Die Mutter war vor ihm geimpft worden. Schnell hatte sie den Blusenärmel heruntergestreift und zugeknöpft.

„Das hätten wir wieder einmal geschafft.“ Ihre Stimme klang froh und energisch. „Jetzt müssen wir uns aber beeilen, um zum Arbeitsamt zu kommen. Es schließt um zwölf Uhr.“

Es war kein weiter Weg bis zu dem Amt, dessen Gebäude Christian an die Schule erinnerte, grau, mit schmuckloser Fasade und schmalen, hohen Fenstern. Die breite Holztür war geöffnet und mit einem Metallhaken an der Wand befestigt. Ein Schild mit der Aufschrift „Arbeitsvermittlung“ wies den Weg durch den Flur zum Hinterhaus. Der Hof war eng und dunkel. Aus unverschlossenen Müllkästen roch es nach Asche und fauligen Abfällen. Im Treppenhaus war es trotz der Mittagszeit dämmrig. Durch die unverglasten Fensteröffnungen zog es, so daß beim Betreten des Amtszimmers Papiere hochwirbelten und eine üppige Angestellte sich mit ausgebreiteten Armen über die auf der Schreibtischplatte liegenden Formulare warf.

„Tür zu, aber schnell“, schrie sie wütend.

Im gleichen Augenblick fiel die Tür mit lautem Knall zu.

Die Frau verharrte noch kurz in ihrer Haltung, bevor sie sich, schwer atmend, nach rechts und links herunterbeugte, um die Unterlagen vom Boden aufzuheben.

'Wo bekommt die nur so viel zum Essen her, daß sie so dick sein kann', staunte Christian unverhohlen und wurde unter dem zurechtweisenden Blick der Frau rot. Er sah weg und hob einige der Papiere auf, die weiter ins Zimmer geweht worden waren.

„Was macht der Junge hier?" Die Stimme der Frau war im Verhältnis zu ihrem massigen Körper viel zu hoch. Sie war im Hals steckengeblieben.

„Er gehört zu mir", sagte die Mutter unerschrocken.

„Was wollen Sie?"

'Was gibt es denn hier außer Arbeit', wunderte sich Christian.

Die Frau erwartete keine Antwort. Sie rüttelte schnaufend an einer klemmenden Schublade ihres Schreibtisches, bis sie sich endlich herausziehen ließ, entnahm ihr einen Vordruck und legte ihn vor sich hin. Erst dann sah sie die Mutter an, abweisend und forschend zugleich.

„Waren Sie in der Partei? Und Ihr Mann, war der in der Partei? Und warum?"

Sie hatte hastig gesprochen, wartete erneut keine Antwort ab und fuhr herausfordernd fort: „Natürlich waren Sie in der Partei. Jeder war in der Partei. Man mußte in der Partei sein. Man bekam sonst keine Arbeit."

Blick und Stimme waren gleichermaßen verächtlich.

Die Mutter blieb ruhig und wortlos vor dem Schreibtisch stehen. Ihre Hand drückte nervös Christians Hand.

„Wo und was haben Sie bisher gearbeitet?"

„Ich war bis zur Geburt meines zweiten Kindes bei der Kartenstelle beschäftigt."

„Bei der Kartenstelle“, wiederholte die Frau gedehnt und schlug empört mit der Faust auf den Tisch. „Und Sie werden mir auch noch erzählen, daß Sie nichts gewußt haben.“

'Was soll Mutter denn gewußt haben? Die Frau hat doch gerade jetzt nicht gefragt.‘

„Was haben Sie sich eigentlich dabei gedacht, wenn am gleichen Tag hundert und mehr Todesanzeigen eingingen, Todesursache ausnahmslos Lungenentzündung. Oder beim nächsten Mal Herzversagen. Die Urne ist abzuholen am...“

Die Mutter hatte die Lippen zusammengepreßt. Das Zucken der Augenlider verriet ihre Erregung.

„Oder haben Sie Ihren Verstand ausgeschaltet, wenn Sie sorgfältig und mit gut lesbarer deutscher Schrift die Karteikarte änderten: 'Der Anspruchsberechtigte ist am ... verstorben.‘?“

Christian schienen die Wände grauer, der Raum enger als zuvor. Das plötzliche Verstummen der Erwachsenen legte sich, je länger es andauerte, mit einem unerträglichen Gewicht auf seinen Atem.

Die Frau war zum Fenster gegangen und sah hinaus. Im Hof warf jemand Glas in eine Mülltonne. Der Schall schnellte an den elenden Häuserwänden bis in die Stille des Büroraumes empor.

Erst nach einiger Zeit sprach die Frau weiter, leise, anfangs wie zu sich selbst: „Vielleicht haben Sie es noch als gnädiges Schicksal angesehen, daß ein armer, hilfloser Mensch endlich erlöst war. Mindestens wollten Sie es gerne so sehen, nicht wahr?“

Während des Sprechens hatte sie sich erneut in Zorn hineingesteigert.

„Oder Sie haben ganz einfach nichts gewußt.“ Ihre Stimme klang hönisch. „Nichts von diesem 'unwerten‘ Leben, von den Untermenschen, nichts, nichts von Juden und Zigeunern. Nichts, einfach nichts. – Das sagen jetzt alle. Da sind Sie in bester Gesellschaft, meine Liebe.“ Und mit einem kurzen, trokkenen Lachen setzte sie hinzu: „Haben Sie vielleicht sogar geglaubt, wegen ihrer Büroerfahrungen hier eine Behördenstelle zu bekommen?“

Christian war bei den letzten Worten zusammengezuckt, einerseits, da sie unerwartet herausgeschrien wurden, wobei sich die Stimme der Frau fast überschlug, andererseits weil sie die geheimsten Wünsche der Mutter erraten und verurteilt hatte.

Die Frau trat an ihren Schreibtisch und nahm den Ausweis der Mutter zur Hand. Sie blätterte ihn flüchtig durch und schleuderte ihn dann wütend auf die andere Tischseite, so daß er darüber hinwegrutschte.

Die Mutter blieb stumm, stand wie gelähmt in dem Geschrei.

'Warum läßt sie sich so behandeln‘, fragte sich Christian und hob völlig verstört den Ausweis auf.

„Was bilden Sie sich eigentlich ein? Haben wohl noch immer nichts begriffen?“ Die Mundwinkel der Frau hingen verächtlich herab. Schweratmend fiel sie auf ihren Stuhl.

„Welche Arbeit könnten Sie mir denn geben?“ fragte die eingeschüchterte Mutter vorsichtig nach.

Die Frau blätterte in einem Karteikasten. Sie zog eine Karteikarte hoch, las vor sich hinmurmelnd, stieß sie wieder zurück. Dieser Vorgang wiederholte sich einige Male. Schließlich nahm sie eine Karte heraus, nachdem sie die dahinter hochgestellt hatte, und las mit monotoner Stimme vor: „Firma Scholten GmbH sucht eine Stanzerin im Schichtdienst."

Sie sah die Mutter an und ergänzte energisch: „Natürlich mit Nachtdienst. Da haben Sie noch Glück, denn dann bekommen Sie die Lebensmittelkarte II. Eigentlich ein Witz. Dadurch, daß Leute wie Sie und Frauen von Nazibonzen zur Schwerstarbeit herangezogen werden, haben ausgerechnet sie den Vorteil, die besten Lebensmittelkarten zu bekommen. Verrückte Welt", sie schüttelte unwillig den Kopf. „Na, was ist, wollen Sie die Arbeit?"

Die Mutter nickte und schickte ein heiseres „Ja" nach. Die Personalien wurden aufgenommen. Sie bekam ein Papier zur Vorlage bei der Fabrik. Beim Gehen zwängten sie sich durch einen Türspalt, um den Zugwind nicht erneut an die Papiere heranzulassen.

Schweigend legten sie den Heimweg zurück. Christian schaute die Mutter manchmal zaghaft von der Seite an. Doch sie war so in Gedanken, daß er sie nicht durch Fragen stören mochte. Sie ging langsamer als gewöhnlich und wirkte müde, als wäre es nicht erst Mittagszeit.

Zu Hause angekommen, hängte sie bedächtig ihre Jacke an die Flurgarderobe und rückte sie nochmals auf dem Bügel zurecht, bevor sie mit zögernden Schritten in das Wohnzimmer trat.

„Ihr kommt gerade richtig. Eben bin ich fertig", rief die Großmutter aus der Küche.

Es roch nach Bratkartoffeln mit Zwiebeln und Gurkensalat. Christian spürte wieder den unstillbaren Hunger, der den Magen tief und hohl macht und seine Wände schmerzhaft vibrieren läßt und der nur während des Essens verschwindet. Durch die gedrückte Stimmung der Mutter und die verwirrenden Äußerungen, die ihn bewegten, hatte er seinen Hunger erstaunlicherweise auf dem Rückweg vom Arbeitsamt vergessen.

Die Großmutter trug das Essen herein. Tante Grete war mit den Kindern zu einer Freundin gegangen, so daß Christian allein mit den Erwachsenen am Tisch saß. Darüber freute er sich immer, denn dann behandelten sie ihn wie ihresgleichen, als wäre er kein Kind mehr.

„Grete hofft, etwas Gemüse zu bekommen. Ihre Freundin, die Klara, hat einen riesigen Garten und lebt ganz allein. Sie hat ihr Kerzen und Seife mitgenommen", erzählte die Großmutter beim Verteilen des Essens und sah dann auffordernd zur Mutter hin.

„Als Stanzerin kann ich anfangen. Ich bekomme die Lebensmittelkarte II."

'Wie sie das gesagt hat. Als wäre sie guter Dinge. Verstehe ich nicht. Vielleicht wegen der Lebensmittelkarte. Aber eigentlich klang es nicht wirklich fröhlich. Und sie sieht auch nicht so aus.'

Der Großvater blickte auf. Seine Gabel schwebte über dem Teller. Doch obwohl er den Blick nicht abwandte, fügte die Mutter dem Gesagten nichts hinzu und begann zu essen. Nur ein behutsames Klirren der Bestecks war zu hören, wenn sie gelegentlich Teller oder Zähne berührten. Die Stille wurde Christian zunehmend unbehaglich.

Wären doch nur die Mädchen da. Die würden einfach drauflosreden. Die Mutter will dem Großvater bestimmt nichts von der unfreundlichen Frau erzählen, um ihn nicht aufzuregen.

Seit kurzer Zeit bekam der Großvater schon bei geringfügigem Ärger einen puterroten Kopf und konnte kaum reden. Er schnaufte wie ein Marathonläufer am Zielband, und seine Stirn wurde von der dann hervortretenden Narbe, einem hellglänzenden, wulstigen Strich, geteilt.

Für Christian war dieses Aussehen beängstigend. Er fürchtete, die Narbe könnte aufplatzen und den Schädel geradezu spalten.

Alle hatten aufgegessen. Anders als sonst blieb der Großvater am Tisch sitzen und begann, sich gänzlich ohne Hast eine Pfeife zu stopfen; gewissenhaft, scheinbar völlig von seinem Tun in Anspruch genommen. Er roch an dem Tabak und lächelte zufrieden. Es war die erste eigene Ernte, deren Blätter, auf Schnüre gezogen, im äußersten Winkel des Gartens unter einem Bretterdach raschelnd trockneten.

Es war zu spüren, daß er auf etwas wartete.

'Wenn nur endlich jemand etwas sagte. Irgend etwas. Und ich, was könnte ich denn erzählen?' fragte sich Christian. 'Vielleicht von Martin und seinem Huhn Elfriede.

Sicher wissen sie gar nichts von Elfriede, die eigentlich bei Martin auf dem Balkon lebt, die er aber, jeden Mittag, wenn im Sommer die Sonne scheint, in den Garten bringt. Er steckt sie in eine große Einkaufstasche mit Reißverschluß und zieht nur so weit zu, daß das Huhn eben noch den Kopf herausstecken kann. Gerade das aber bringt ihm jeden Tag Hänseleien der anderen Kinder ein, denn Elfriedes Kopf sieht wie gerupft aus. Sie hat nämlich keinen Kamm, sondern stattdessen eine rothäutige Vertiefung fast bis zur Mitte des Kopfes. Also falls man ein Huhn schön oder häßlich finden kann, Elfriede ist häßlich. Und besonders nützlich ist sie auch nicht, denn sie legt nicht einmal regelmäßig jeden Tag ein Ei. Doch Martin mag Elfriede. Deshalb verschließt er die Tasche nicht, denn er hat Angst, sie könnte ersticken. So geht er also jeden Tag mutig mit ihr die Straße herunter, am Bahndamm vorbei bis zu einem kleinen Laubengrundstück. Dort läßt er sie aus der Tasche, und sie kann bis zum Abend auf der Wiese herumspazieren und picken. Abends geht es dann wieder zurück auf den Balkon, vorbei an den lachenden Nachbarskindern, damit Elfriede nicht gestohlen wird.'

Christian hatte ganz in sich versunken dagesessen. Als er aufsah, drückte der Großvater mit dem Daumen die Tabakfüllung in seiner Pfeife nach und griff nach den Streichhölzern.

'Jetzt habe ich mir die Geschichte selbst erzählt', stellte Christian verwundert fest, streckte sich ein wenig und gähnte unterdrückt.

„Nun, was war denn?" hörte er den Großvater fragen, dessen Blick sich der Mutter zuwandte, während er mit tiefen Zügen an seiner Pfeife zog, die leicht von Daumen und Zeigefinger gehalten wurde und deren runder, schwarzer Kopf in der rechten Handfläche verschwunden war.

„Ach, nichts weiter. Die Angestellte bei der Arbeitsvermittlung war nur recht unfreundlich", erwiderte die Mutter und griff nach dem Geschirr, um es herauszutragen.

„Geschrien hat sie. Sie hat Mutter richtig beschimpft", entfuhr es Christian aufgebracht bei dem Gedanken an die Frau im Amt.

„Laß, Christian, davon verstehst du nichts." Zum Großvater gewandt fuhr sie fort: „Sie hat mir Vorwürfe wegen der Mitgliedschaft in der Partei gemacht. Als wenn nicht so gut wie jeder in der Partei gewesen wäre! Sie hat mich nicht einmal etwas darauf sagen lassen."

„Was hättest du denn sagen wollen?"

Die Mutter zögerte, sah ihn verstört an: „Aber wie kommt sie dazu, mich so wütend anzuschreien?"

„Wahrscheinlich hat sie Schlimmes erlebt", murmelte der Großvater. Die Pfeife hing vergessen im Mundwinkel. Stirn und Augen waren nachdenklich zusammengezogen. Der grüblerische Gesichtsausdruck glich dem, den Christian oft beobachtet hatte, wenn der Großvater das Zeitunglesen unterbrochen und das Blatt für einen Augenblick hatte sinken lassen, bevor er mit dem Lesen fortfuhr. Nur war ihm jetzt etwas Bedrückendes beigegeben.

„Solche Vorwürfe hat mir noch keiner gemacht." Die Stimme der Mutter klang nun eher bestürzt als ärgerlich.

„Ich denke, das ist erst der Anfang", sagte der Großvater. Mit Bedacht hatte er die Worte langsam aneinandergefügt, so als entstünden vor seinen Augen gleichzeitig eine Reihe von Bildern.

Der 5. August

Am Tag darauf ging Christian mit dem Großvater gleich nach dem Frühstück zum Holzsammeln in das kleine Wäldchen. Noch immer fühlte er sich dort unwohl, denn er wußte, daß in diesem Waldstück nach dem Krieg viele tote Soldaten gefunden worden waren. Zwar hatten die Erwachsenen sofort davon zu reden aufgehört, wenn sie ihn bemerkten, aber er hatte die Bruchstücke ihrer Gespräche nach und nach zu einem Ganzen zusammenfügt, und das Erfahrene grauste ihn.

Seine Augen suchten im Wald nicht nur Beeren, Brennholz oder Kienäpfel, sondern auch nach abgetrennten Gliedmaßen, Stiefeln und blutigen Uniformteilen.

Nachdem er in den vielen Wochen außer einer Feldflasche, Patronen und einer zerrissenen Uniformjacke nichts Aufregendes entdeckt hatte, wurde die Furcht geringer. Doch sie verlor sich nicht ganz, und so blieb er stets in der Nähe des Großvaters.

Aber das war nicht der einzige Grund, der ihn an seiner Seite hielt. Der Großvater wußte vieles mehr als er auf diesen gemeinsamen Wegen zu entdecken und davon zu erzählen.

Obwohl es ein sonniger Sommertag war, ließen die hohen Kiefern nur dünne Lichtstrahlen den von Ameisenvölkern hügelichen Waldboden berühren. Mückenschwärme schwebten sanft auf und nieder. Ihr Summen und das Knacken der trockenen Äste unter den Füßen, waren die einzigen Geräusche im Halbdunkel der Bäume.

Der Wind hatte die Erde mit Kienäpfeln übersät, so daß Christian, in der Hocke bleibend, sich langsam vorwärts bewegte und seine Tasche füllte. Der Großvater blieb beim Sammeln die ganze Zeit in gebückter Haltung.

Sie hatten den Leiterwagen mit zwei Säcken für Holz, einem Steintopf für Beeren und einem Spankorb für Pilze am Waldrand stehenlassen.

Schweigend bewegten sie sich, langsam die Füße über den weichen Nadelboden vorwärtsschiebend. Die Arme dagegen umkreisten emsig mit ausfahrenden Bewegungen die gekrümmten Körper. Die eine Hand glitt flink über den Boden und warf dann das Gesammelte in die Tasche, während die andere bereits die gleiche Verrichtung fortführte, so daß sich die Arme, einen Halbkreis beschreibend, im Wechsel auf und nieder bewegten. Es sah aus, als würden sie rudern.

Wenn Christian seine Tasche in den Sack leerte, hielt der Großvater die Öffnung mit beiden Händen so auseinander, daß nichts daneben fiel, setzte den Sack heftig auf, schüttelte ihn ein wenig, ließ ihn nochmals fest auf den Boden nieder und drückte mit beiden Händen die Kienäpfel im Sack zusammen, daß es knackte. Jedesmal sahen sie sich dann zufrieden lächelnd an, froh, daß sie einen guten Grund hatten, sich aufzurichten.

„Guck mal Großvater, kannst du das auch?“

Christian beugte sich so weit mit den Armen vor, daß die Fingerspitzen der gestreckten Hände wie kleine Rechen durch die Tannennadeln harkten und schnurgerade Furchen hinterließen.

Der Großvater neigte nun seinerseits den Oberkörper tief herab und knickte dabei in den Knien etwas ein. Nun berührten auch seine Fingerkuppen die Erde. Schnell richtete er sich wieder auf. Sein Gesicht war rot angelaufen. Er schwankte einen Augenblick und atmete stoßweise.

Christian sah ihn erschrocken an.

'Das sollte er nicht tun, wenn es ihn so anstrengt. Die Großmutter wäre bestimmt böse, denn sie ärgert sich oft, wenn der Großvater seine Späße mit mir macht.

Er fragt sie dann, wer denn mit mir herumtollen soll, solange mein Vater vermißt ist.

Dann sagt sie nichts mehr.

Vermißt? Seit gestern finde ich meine Dose mit den Murmeln nicht. Ich habe sie irgendwo liegenlassen. Ein Mensch kann doch nicht einfach wie eine Dose verlorengehen?'

Der Großvater wischte sich mit dem Hemdärmel den Schweiß von der Stirn, zeigte auf seine Knie und lachte.

„Donnerwetter, du bist ein richtiger Sportler", lobte Christian altklug und tat so, als habe er die Schwäche des Großvaters nicht bemerkt, denn er wollte ihn nicht kränken.

„Du hast dich ganz schön von mir bemogeln lassen. Hast gar nicht gesehen, wie eingeknickt meine Knie waren", sagte der fröhlich und gab mehrfach in den Knien nach, als wollte er tanzen. Bei jeder Beuge verdeckten die langen, weiten Hosenbeine seine Schuhe.

Christian ließ sich nur zu gern von seinem Lachen anstekken.

'Eigentlich sind es gar keine Hosenbeine. Über jedes Bein ist ein Rock gezogen. Großvater im Rock.'

Er war von seinem Gedanken so begeistert, daß er nicht aufhören konnte, diesen Satz zu rufen und zu singen, bis der Großvater schließlich abwinkte, sich bückte und wieder zu sammeln begann.

In Christians Kehle gluckste es noch einige Male, dann war

er wieder neben dem Großvater und warf Kienäpfel in seine Tasche. Er spürte dessen Blick und fühlte sich wohl.

„Schau nur!“ Der Großvater zeigte auf einige Stauden besonders großer Walderdbeeren. Er pflückte sie mit seinen kurzen, kräftigen Fingern behutsam in seinen linken Handteller.

„Die sind für dich. Du hast sie verdient.“

Sie schmeckten warm und erdig.

Am Wiesenrand hinter dem Wäldchen machten sie ihre Pause.

Vor ihnen erstreckte sich ein Rotkohlfeld bis zum Horizont, graublau bis violett wie ein Meer.

Großvater packte für jeden eine Scheibe Brot aus und hatte aus dem Garten Tomaten und eine kleine Gurke dabei.

Nach dem Essen schnitzte er mit dem Taschenmesser ein Muster in einen Wanderstock für Christian, lockte Eichhörnchen heran und zeigte ihm, auf welchen Blättern und Halmen man pfeifen kann.

Bei diesen Pausen erzählte er manchmal von seiner Kindheit auf einem Bauernhof in Schlesien. Nach seinen Schilderungen für Christian ein korngelbes Land.

Oder er sprach von seiner Schulzeit auf dem Dorf, der Klasse mit bald fünfzig Kindern verschiedenen Alters in einem riesigen, gekalkten Klassenzimmer. Es grauste Christian, wenn der Großvater von dem Klassenlehrer erzählte, der bei jeder Gelegenheit zuschlug. Er vermeinte dann fast, den Rohrstock durch die Luft peitschen zu hören, der zur Bestrafung eines Schülers auf dessen Fingerkuppen niedersauste.

„Und der hielt ganz still?“

„Ja.“

Christian konnte es nicht glauben.

„So ein Schüler stand kerzengerade vor dem Herrn Lehrer, beide Arme nach vorn gestreckt, die Handflächen nach oben."

Wenn der Großvater den Schrecken in Christians Gesicht sah, schwächte er das Gesagte ab: „Natürlich waren nicht alle Lehrer so streng." Und er begann von den Tieren auf dem Bauernhof zu erzählen.

„Erzähle wieder einmal von dem lahmen Pony", bettelte Christian an diesem Tag, denn er liebte die Wiederholung bekannter Geschichten.

Der Großvater sprach, und während sich Christian der Melodie der dunklen, ruhigen Stimme überließ, meinte er, daß sie müder und farbloser als sonst klang. Das Gesicht des Großvaters war sehr weiß. Der Schnauzbart zitterte leicht.

'Wie klein und zart der Großvater ist! Vielleicht mag ich ihn gerade deshalb so sehr. Nie muß ich den Kopf weit in den Nakken legen, um zu ihm aufzusehen. Es genügt, sich ein wenig zurückzulehnen.'

Die Glocken läuteten. Der Großvater ließ den Deckel seiner Taschenuhr aufschnappen und nickte zufrieden.

„Richtig. Genau zwölf Uhr. Wir müssen heim zum Mittagessen."

Einen Augenblick hielt er die Uhr, die an einer goldenen Kette befestigt war, an Christians Ohr, dann steckte er sie zurück in die Westentasche.

Schlau war es vom Großvater gewesen, die Uhr im Buddelkasten zu vergraben, als die Russen kamen. Er hing an dem Erbstück von seinem Vater.

Oft sah Christian ihn mit dem Daumen über das Knopfloch

der Weste streichen, an dem die Uhrkette befestigt war. Er tat es, ohne hinzusehen.

An diesem Tag fiel Christian erstmals auf, daß die Uhrkette viel tiefer zwischen Knopfloch und Westentasche hing als früher.

'Zwischen Weste und Hemd paßten leicht zwei Brote.'

„Komm, Junge, wir wollen die Frauen nicht mit dem Essen warten lassen."

Sie gingen den Waldweg zurück. Der Großvater zog den Leiterwagen, während Christian die schwankenden Säcke festhielt und schob. Und obwohl der Großvater ohne Hast lief, hörte er ihn keuchend atmen.

'Es strengt ihn heute noch mehr als sonst an', dachte Christian und hätte ihm gern alles abgenommen. Aber er wußte, daß der Großvater das nicht zulassen würde. Besorgt und liebevoll glitten seine Blicke über den gekrümmten Rücken.

Als sie zu Hause ankamen, war der Tisch wie stets zu dieser Zeit gedeckt. Der Großvater ließ sich sogleich schwer auf einen der Stühle am Eßtisch fallen, während Christian neben der Großmutter herlief, um von der Vormittagsernte zu berichten.

„Schön, schön. Aber nun setz dich", schnitt sie ihm das Wort ab und begann, das Essen aufzutun.

Der Großvater aß wie immer langsam und schweigend. Als die Großmutter nachreichen wollte, schüttelte er verneinend den Kopf.

Sobald alle mit dem Essen fertig waren, fing er nicht wie sonst zu erzählen an, sondern schob, ein wenig ungeduldig, seinen Stuhl zurück und ging zum Sofa, um seinen Mittagsschlaf zu halten.

„Ja, das Wetter macht einem zu schaffen. Man ist immerfort müde", sagte die Großmutter und legte ihm eine leichte Decke über.

Danach schloß sie trotz des warmen Wetters die Fenster, damit es der Großvater ruhig hatte. Da in das Eßzimmer erst am Nachmittag die Sonne schien, war es noch angenehm kühl.

Die Diele vor der Tür knarrte unter dem Schritt der Großmutter, als sie das Zimmer verließ. Dann war es völlig ruhig.

Christian war wie jeden Mittag als einziger an seinem Fensterplatz zurückgeblieben. Er beobachtete die Straße, die in der Mittagshitze verlassen dalag. Nur eine Katze räkelte sich auf den heißen Steinen des gegenüberliegenden Bürgersteigs.

Er mochte diese Zeit nach dem Essen, in der er sich schläfrig fühlte und vor sich hinträumte. Manchmal war er nicht sicher, ob er wachte oder schlief.

Gerade hörte er den Großvater besonders tief durchatmen, fast ein Seufzen. Dann war es wieder still.

Als die Großmutter nach einer knappen Stunde mit dem Tablett voller Geschirr in das Zimmer kam, um den Kaffeetisch zu decken, ließ sich der Großvater nicht stören und blieb, anders als sonst, liegen.

Die Großmutter ging nochmals zur Küche, holte die Kaffeekanne, stellte sie auf den Tisch, öffnete das zweite Fenster neben Christians Platz. Als sie sah, daß sich der Großvater noch immer nicht erhob, ging sie kopfschüttelnd zum Sofa.

„Aber...", begann sie

'E-mil', ergänzte Christian und ahmte im stillen lächelnd ihren Tonfall nach.

Die Großmutter sprach nicht weiter. Sie blieb reglos mit dem Rücken zu Christian vor dem Sofa stehen.

Christian fühlte sich unerklärlich beklommen und verharrte lautlos auf seinem Platz. Nach einiger Zeit – ihm war es sehr lange vorgekommen – beugte sie sich zum Großvater herunter und strich mit der rechten Hand über sein Gesicht.

Mehr konnte Christian nicht sehen und wußte die Bewegung nicht zu deuten.

Stumm wandte sie sich um und ging zu dem geöffneten Fenster. Christian konnte sie von der Seite sehen. Sie weinte.

Verwirrt und mit bangem Gefühl schaute er zum Sofa hinüber. Der Großvater lag wie vorher da, nur daß jetzt Sonnenstrahlen sein Gesicht goldgelb färbten.

'Daß ihn das Licht nicht stört? Es muß ihn doch kitzeln und aufwecken', dachte er bei sich.

„Wie lange schläft der Großvater noch?" fragte er schließlich zaghaft.

Die Großmutter blickte zu ihm herüber. Ihre sonst so strengen Augen waren voller Trauer.

„Der Großvater ist tot." Das Unfaßbare klang nicht nur wehmütig, sondern zugleich ruhig und selbstverständlich.

Auf Zehenspitzen ging Christian zum Sofa. Der Großvater sah aus, als würde er schlafen.

'Es ist wie jeden Nachmittag', dachte Christian und sagte in Gedanken den Satz wieder und wieder: 'Es ist wie jeden Nachmittag.'

Die Mutter, die zum Nachmittagskaffee kam und die Tür energisch öffnete, blieb auf der Schwelle stehen, blickte vom Großvater zur Großmutter und wieder zurück.

Ihr Gesichtsausdruck zeigte Christian, daß sie es wußte.

Trotz der zunehmenden Gewitterschwüle fror Christian im Zugwind, der die Gardine aufbauschte und über die Geranientöpfe auf dem Fensterbrett hin und her flattern ließ.

Rote Blüten schwebten durchs Zimmer.

Die Aktion „Storch“

„Warum nimmst du nicht den Leiterwagen?“ fragte die Großmutter und half ihm, den prallgefüllten Rucksack herunterzunehmen.

Christian hatte im Wäldchen Kienäpfel gesammelt.

Den Leiterwagen hatte er seit dem Tod des Großvaters nur einmal aus dem Schuppen geholt. Das Rumpeln und Klappern auf dem Kopfsteinpflaster, die im regendurchtränkten Waldboden müden Räder, der samtengerundete Holzgriff der Deichsel, dies alles hatte ihn unablässig an den Großvater erinnert.

'Der Leiterwagen ist wie ein Teil von ihm‘, dachte er, preßte die Kiefer fest aufeinander und die Zunge gegen den Gaumen, um die aufkommenden Tränen zurückzudrängen. Dabei hörte er innerlich die strenge Zurechtweisung der Großmutter: 'Ein Junge weint nicht.‘

„Und Pilze?“

Die Großmutter hatte wegen des Leiterwagens gar keine Antwort erwartet.

„Pilze?“ Er hatte keine gesehen, aber auch nicht gesucht.

„Tante Grete hat doch am Wochenende einen ganzen Korb voll gesammelt.“

'Das heißt: Warum du nicht. Die Großmutter ist unzufrieden. Aber ich habe keinen Blick mehr dafür und rieche sie auch nicht. Seit der Großvater tot ist, hat alles an Farbe und Geruch verloren.‘

„Morgen hole ich Pilze. Heute war der Rucksack zu schwer“, wehrte er den Vorwurf ab.

Christian wußte nur zu gut, wie wichtig die Pilze waren, da sie getrocknet für den Winter aufbewahrt werden konnten.

„Tu das.“ Es klang wie ein Befehl. Schon auf dem Weg zur Küche rief sie ihm noch zu: „Schuhe aus. Hände waschen. Und beeile dich, wir haben mit dem Essen auf dich gewartet.“

Als Christian in das Wohnzimmer kam, saßen die anderen schon auf ihren Plätzen. Er setzte sich und sah mit Bestürzung, daß die Großmutter für den Großvater gedeckt hatte. So sehr er sich auch dagegen wehrte, der leere Platz zog immer wieder seinen Blick an. Einmal begegnete er dem der Mutter, der sich bedrückt, dann vorwurfsvoll der Großmutter zuwandte. Dann kreuzte ein flackernder Blick von Tante Grete den seinen. Mehrmals fühlte er ihn über seine gesenkten Augenlider huschen.

'Ob die Großmutter das unbeabsichtigt oder zur Erinnerung getan hat?'

Es kam ihm vor, als litte er mehr als alle anderen unter dem Tod des Großvaters. Er verbarg seine Gefühle, so gut er konnte, und es kam ihm nicht in den Sinn, daß sich die anderen ähnlich verhalten könnten.

Tröstende Worte und Gesten fürchtete er, denn sie vergrößerten seine Trauer, und der Kampf gegen die Tränen war dann aussichtslos. Am liebsten war er deshalb allein. Und zum Alleinsein hatte er, ohne daß es auffiel, reichlich Gelegenheit, da er die Aufgaben, die er vorher gemeinsam mit dem Großvater erledigt hatte, jetzt selbstständig verrichtete. Er arbeitete im Garten, versorgte die Kaninchen, suchte Holz, sammelte Brombeeren und, wenn er es nicht vergaß, auch Pilze.

Das Klirren des Geschirrs, wenn die Messer gegen die Teller stießen, holte Christian aus seinen Gedanken. Die anderen strichen bereits ihre Brote. Er mochte nichts essen. Das gewohnte Verhalten der anderen, als wäre nichts geschehen, war für ihn eine erneute Bestätigung, daß keiner den Großvater vermißte wie er. Keiner hatte sich ihm so nahe gefühlt.

'Er gehört mir ganz allein', dachte Christian, und ein wehmütiges Glücksgefühl durchströmte ihn.

„Kein Brot?" Die an ihn gerichtete Frage ließ ihn zusammenzucken. Er war nur fähig, den Kopf zu schütteln.

Die Teller wurden in der Mitte des Tisches aufeinandergestellt, obenauf kamen die Bestecks.

„Was machen wir nun wegen der Verschickung?" fragte die Großmutter und goß Tee nach. „Es wird Zeit, die Kinder anzumelden."

„Ich weiß nicht recht." Tante Grete zuckte unschlüssig mit den Achseln.

„Ich bleibe bei meinem Nein", sagte die Mutter.

„Das ist gegen jede Vernunft." Die Großmutter hatte sich bei diesen Worten noch gerader aufgesetzt, als wollte sie damit bedeuten, daß jeder Widerstand an ihr abprallen würde.

„Wir haben es bisher immer geschafft." Die schnelle, knappe Entgegnung der Mutter klang so entschlossen, daß die Großmutter nicht wie sonst einfach das Thema wechseln und tun konnte, als wäre die Entscheidung bereits gefallen.

Christian kannte die Gespräche über die Kinderverschickung, die Aktion „Storch". Sie flößten ihm Furcht ein. Er saß unbeweglich. Auf seinem vorgebeugten Gesicht fühlte er den feuchtwarmen Dampf, der aus der Teetasse emporstieg. Sein ganzer Körper lauschte. Er hörte auf jedes Wort, jeden Tonfall und versuchte, die Bedeutungsschwere zu erfassen.

'Der Großvater wollte, daß wir im Krieg alle zusammenblieben. Keines von uns Kindern kam zur Kinderlandverschickung.

Er würde auch jetzt nicht anders darüber denken.‘

Der Leiterwagen fiel ihm wieder ein. Das gleiche Gefühl wie bei der letzten Fahrt während des Bombenangriffs drückte ihm den Kopf tief zwischen die hochgezogenen Schultern. Beängstigend scharf waren die Worte, die über seinem Kopf hin- und herflogen, wie damals die aufgewirbelten Schutteile.

„Der Winter soll so kalt wie der letzte werden. Eingewecktes ist kaum im Vorrat, ebensowenig Kartoffeln und Korn. Das gesammelte Holz reicht höchstens, um die Küche zu heizen und zu kochen“, hielt die Großmutter den beiden Frauen vor.

'Wofür habe ich gestoppelt, mit der Mutter gehamstert, Holz mit dem Großvater geholt, Kienäpfel gesammelt. Sie hat mich doch immer gelobt. «Du bist unser Großer», hat sie gesagt. Alles nur Gerede. Alles war umsonst. Trotzdem sollen wir jetzt weggeschickt werden. Und wann kommen wir zurück? Ob überhaupt? Wer sagt das, und kann man es glauben? Tante Grete und Mutter jedenfalls glauben niemandem. Weg vom Wäldchen, dem Garten, dem Haus.‘ Es fielen ihm die Leute auf den Trecks ein.

'Du bist jetzt unser einziger Mann und Ernährer‘, hatte die Großmutter nach dem Tod des Großvaters gesagt, wenn er mit vollem Rucksack nach Hause kam. Er hatte diese Bemerkungen nicht gemocht, denn sie hatten ihn immer schmerzvoll an die gemeinsamen Unternehmungen mit dem Großvater erinnert, aber jetzt klangen sie plötzlich ermunternd in ihm auf.

„Wer soll denn für Holz und Kartoffeln sorgen, wenn ich weg bin?“ fragte er deshalb unerschrocken, fast herausfordernd.

„Herrgott“, rief die Großmutter ungeduldig, „ihr fahrt doch nicht auf Jahre nach Amerika. Ihr sollt doch nur einen Winter in einer Familie der britischen Besatzungszone im Westen leben. Denen geht es schon wieder viel besser als uns."

„Mir ist das unheimlich, mich von den Kindern trennen zu sollen", warf Tante Grete nun bestimmter ein und sah zu Helga und Jutta hinüber, die unruhig auf ihren Stühlen herumrückten. Wie immer hatten sie nicht zugehört. Sie wollten endlich spielen gehen.

„Sie sollen gesund bleiben, überleben. Darum geht es. Ja, versteht mich denn hier keiner", rief die Großmutter. Der mächtige Busen bebte im Rhythmus ihrer erregten Atemzüge.

In diesem Augenblick hörten sie den Schrei. Erschrocken sahen sie zur Decke empor.

„Kommt von ganz oben, von Wielands", raunte jemand.

Der Schrei wiederholte sich mehrmals, bevor ihn ein kehliges Schluchzen erstickte.

Christian kamen die Schreie wie Rufe vor, wie der Wunsch, Wände und Decken zu durchdringen und etwas mitzuteilen, wofür es keine Worte gab.

Sie hörten ein langgezogenes „Nein", dann nochmals. Danach veränderte sich das Wort, doch sie konnten es nicht verstehen. Es hatte eine zweite Silbe die tonlos abfiel. Kurz bevor es in lautem Weinen versank, hatten sie es schließlich dem Nachklang abgelauscht: „Heike!"

Die Schreie hatte alle verstummen lassen. Selbst Helga und Jutta saßen still und lauschend da.

Heike – Wielands Tochter. Christian erinnerte sich eines kleinen Mädchens von etwa drei Jahren, deren dünne Ärmchen er mit Daumen und Zeigefinger hatte umfassen können. Sie war, als die Bombennächte zunahmen, mit einem Kindertransport nach Ostpreußen verschickt worden.

„Was mag nur geschehen sein?“ flüsterte Tante Grete.

„Post kommt zu dieser Zeit nicht“, stellte die Großmutter nachdenklich fest. „Trotzdem, was kann es schon bedeuten!“ Sie sagte das so, als wisse sie es bereits.

„Sie finden Heike nicht. Aber das wußten Wielands schon...“, sprach die Mutter vor sich hin.

'Wie soll man sie finden‘, fragte sich Christian. 'Wäre sie mit einem der Trecks mitgekommen, wäre sie längst da. Aber vielleicht hat sie ihren Zunamen nicht gewußt, oder nicht, wo ihre Eltern in Berlin wohnen. Sie war noch so klein, als sie wegfuhr.‘

„Die Frau vom Roten Kreuz, vom Suchdienst, ist vorhin nach oben gegangen“, erinnerte sich die Großmutter.

Christian hatte die Frau vom Roten Kreuz ebenfalls gesehen. Er hatte sich ihres zerfurchten Gesichtes wegen sogleich an sie erinnert, denn bei ihrem ersten Besuch bei Wielands bildete der Regen Rinnsale darinnen; es hatte ausgesehen, als weine sie.

„Sie kommt nicht zurück. Sie ist tot.“ Alle fühlten, daß Tante Grete recht hatte.

Es wurde ein kurzer Abend. Die Kinder gingen bedrückt ins Bett, und auch die Erwachsenen blieben nur noch einige Zeit beieinander sitzen, niedergeschlagen und stumm. Über die Aktion „Storch“ war ohne weitere Worte einvernehmlich entschieden.

Der alte Baku

Der alte Baku, wie ihn alle nannten, war der zweite Großvater von Helga und Jutta, der Vater ihres Vaters. Zu ihm ging Christian zweimal in der Woche, um Ziegenmilch für Ulrich zu holen.

Mit diesem Auftrag hatte ihn die Mutter auch an diesem Tag losgeschickt. An dem Haus angekommen, zog er mehrfach kräftig das Glockenseil an der Gartenpforte, denn der Alte hörte nicht gut.

'Bruno Bakulowski', las Christian auf dem Türschild. '«Polnische Wirtschaft», sagt die Großmutter immer, wenn von Baku die Rede ist. Dabei macht sie ein abweisendes Gesicht und eine Handbewegung, als würfe sie Brennesseln auf den Kompost. Warum nur?'

Christian sah ihn kommen, einen großen, schweren Mann mit riesigen Füßen.

„Die sind hin. Habe sie mir im ersten Weltkrieg erfroren", hatte irgendwann der alte Baku auf Christians verwunderten Blick erklärt. Das war an einem Tag mit hohem Schnee und starkem Frost gewesen, und der Alte war dennoch mit seinen unförmigen Filzpantoffeln auf Christian zugeschlurft.

Baku trug sie auch an diesem Tag, dazu wie immer seine weite, blaue Arbeitshose, an der er sich die erdigen Hände abrieb, und die schwarze Schirmmütze, ohne die ihn Christian noch nie gesehen hatte.

'Ob sich darunter eine Verletzung verbirgt?' Christian war an Onkel Karlchen erinnert.

Blaue Bartstoppeln umrahmten vom Kinn bis zu den Ohren das rotgeäderte runde Gesicht.

'Sieht aus wie Linien auf einer Landkarte', dachte Christian.

Unter Augenbrauen, die wie trockene Grasbüschel aus dem Gesicht herauswuchsen, sahen ihm gütige Augen entgegen.

Der Alte nahm zur Begrüßung Christians Hand behutsam in seine tellergroße Rechte und umschloß sie locker und warm wie ein Muff.

„Komm herein, mein Junge." Es klang freundlich und einladend, als hätte er ihn gerade erwartet.

Baku verschloß hinter ihnen sorgfältig die Gartentür. Dabei bimmelte hell, aber schwach die Türglocke.

Das Haus, in dem Baku mit seinen Ziegen, Kaninchen und Hühnern lebte, stand nur noch zum Teil. Der erste Stock und das Dachgeschoß waren ausgebrannt. Die rückwärtige Hauswand stand noch in ganzer Höhe wie eine geschwärzte Mauer zwischen dem Haus und dem großen Garten, der dahinter begann. Die Decke über dem Parterre hatte Baku mit angekohlten Holzstämmen und geteerter Dachpappe repariert und dort alles, was er besaß und nötig hatte, zusammengetragen.

Es sah hier ganz anders als bei Christian zu Hause aus. Überall stand Werkzeug und Gartengerät, dazu Körbe, Steintöpfe und Eimer, gefüllt mit Gemüse und Früchten.

Unter dem einzigen Fenster stand ein Bett, auf dem mehrere graue Decken und farblose Kissen lagen. In der Mitte des Zimmers stand ein langer Holztisch, der früher sicher im Garten seinen Platz gehabt hatte, übervoll von benutzten Gläsern, Geschirr, Aschenbechern, Blechdosen und Kerzen.

Der alte Baku, das Zimmer und wohl jeder Gegenstand in ihm rochen nach den Ziegen, die im angrenzenden Raum untergebracht waren.

'Es riecht genau so, wie Ziegenmilch schmeckt, streng, säuerlich und bitter – ein wenig wie Verschimmeltes.'

„Gib mir deine Milchkanne", sagte der Alte gemächlich und ersparte es Christian, seinen Wunsch auszusprechen.

'Er spricht nicht nur langsamer als andere', ging es Christian durch den Kopf, 'es ist, als müsse er sich der lauten Sprache immer erst erinnern.'

Aus dem Nebenraum war das Eingießen der Milch zu hören. Sie floß träge und fett mit einem dunklen Plupp in die Kanne.

„Sie ist noch warm." Baku hielt die Kanne lächelnd an Christians Wange.

'Das ist es, was ich an Baku mag. Es läßt sich aber nicht erklären, nur fühlen.'

Der Alte hatte sich auf sein Bett gesetzt und zeigte auf den einzigen Stuhl ihm gegenüber. Bevor sich Christian setzen konnte, mußte er mit wedelnden Armbewegungen ein Huhn vom Sitz vertreiben.

„Wie geht es euch?" Baku sah Christian aufmerksam an.

'Er fragt nicht nur wie andere Erwachsene. Er will es wirklich wissen. Auch das gefällt mir an ihm. Merkwürdig, zu Hause fragt nie einer nach ihm, jedenfalls nicht richtg. Die Mutter holt bei ihrer Frage schon den Kochtopf aus der Kammer, so daß sie gar nichts hören könnte, wenn ich antworten würde.'

„Was ist denn?" hörte er Baku in seine Gedanken hineinfragen.

Christian erzählte von Helga, Jutta, Tante Grete und Mutters Arbeit. Der alte Baku ließ die ganze Zeit keinen Blick von ihm. Es schien Christian, als höre er auch mit den Augen. Manchmal nickte er, brummte „hm“ oder „so,so“ und lehnte sich, als Christian schwieg, nachdenklich zurück.

Im Haus war nur das Rascheln, Scharren und Federschlagen der Tiere zu hören. Durch das Fenster sah Christian die Zweige einer Weide wild durch die Luft peitschen und ihr schmales, silbriges Blattwerk herunterwirbeln.

„Es ist nicht leicht für die Frauen“, brummte der alte Baku, während er sich schwerfällig erhob. „Willst du noch Fallobst sammeln?“ Er zeigte auf einen leeren Korb. Christian sprang sofort freudig auf und folgte dem Alten, der ebenfalls nach einem Korb griff, in den Garten. Im Herbststurm hatten die Bäume nicht nur ihre Blätter, sondern auch morsche Äste abgeschüttelt. Rotbackige Äpfel und harte Winterbirnen schlugen auf der harten Erde auf. Es roch nach verbranntem Laub.

Der alte Baku stellte seinen Korb vor sich hin, blieb in gebückter Haltung, stützte sich mit einer Hand auf einem Knie ab und sammelte mit der anderen das vor ihm liegende Obst. Nach einiger Zeit richtete er sich mühsam auf, drückte das Kreuz durch und atmete mehrfach tief ein und aus. Dann fuhr er sich kurz mit dem Handrücken über die Stirn, schob mit dem Fuß den Korb weiter vor und beugte sich erneut herab, um seine Arbeit fortzusetzen.

'Wie er sich anstrengen muß‘, dachte Christian, der unter den Obstbäumen hin und her, auf und nieder hüpfte. Schnell hatte er seinen Korb gefüllt und konnte dem alten Baku helfen.

Dabei war er bis zum hinteren Teil des Gartens gelangt und hatte einen mit struppigem Gras bewachsenen kleinen Hügel entdeckt, der ihm bisher nie aufgefallen war. Im Sommer hatten ihn offenbar die buschigen Johannisbeersträucher verborgen.

„War darunter euer Bunker?“ Fragend drehte er sich zu dem Alten um, der ihm langsam gefolgt war.

„Ja.“

„Kann ich hineingehen?“

„Du wirst nicht viel sehen können.“ Es klang, als wollte ihn Baku zurückhalten.

Christian aber war nur um so neugieriger und machte geschwind einen Schritt in die Dunkelheit.

„Warte.“ Er hörte das Zischen eines Zündholzes, mit dem eine Stallaterne, die an einem Haken über dem Eingang hing, von Baku angezündet wurde.

In ihrem flackernden Licht sah er zu beiden Seiten des schmalen Ganges, in dem er stand, ein verrostetes Bettgestell, dann ein Durcheinander von Holzlatten und dahinter, einen guten Schritt tief, einen freien Platz.

„War der Bunker durch die Bretter unterteilt?“

Baku nickte.

„Und was war dahinter?“

„Ein Verschlag und davor Regale.“

„Wozu der Verschlag? Der Bunker war doch schon so klein?“

Baku zögerte.

„Sieht aus, als hättest du etwas versteckt.“ Christian verbarg sein Verlangen, mehr zu erfahren, hinter einem neckischen Lächeln.

„So war es auch“, antwortete der alte Baku stockend, „ja.“ Er nickte ernst.

„Was denn?“ fragte Christian gespannt weiter, obwohl ihn die Betroffenheit des Alten verwirrte.

„Ach, Verschiedenes“, sagte Baku ausweichend, „es ist lange

her.“ Seine Stimme klang beklommen.

Christian wartete, daß er fortfahre. Der Alte aber blieb lange in Gedanken versunken.

Schließlich war Christians Neugierde stärker als seine Geduld, und er fragte zaghaft: „Vielleicht Eßwaren?“

„Du denkst wohl immer nur ans Essen“, sagte der Alte kopfschüttelnd, aber mit Wärme.

„Was war es denn dann?“ Christian ließ nicht locker.

„Zwei Nachbarinnen.“

Christians Augen und Mund rundeten sich vor Verblüffung. Baku wandte sich dem Ausgang zu.

„Hatten die denn keinen Bunker?“ fragte Christian nach der ersten Überraschung und hielt Baku an seiner Strickjacke fest.

„Das war es nicht.“ Schweigen. „Sie mußten sich verstekken.“

„Hatten sie etwas ausgefressen?“ fragte Christian beharrlich weiter.

Der Alte schüttelte den Kopf. „Es waren Juden.“

'Juden. Judenstern. Juden raus. Juda verrecke.‘ Aus dem Unbewußten stießen die Worte hervor, reihten sich, obwohl nie gedacht, schnell aneinander.

„Warum verstecken?“

„Habt ihr zu Hause nie davon gesprochen?“

„Nie.“

'Weiß Baku denn nicht, daß Erwachsene nicht alles mit Kindern bereden?‘

„Aber du weißt doch, wer Hitler war?“ fragte der Alte nach.

„Ja, natürlich. Der hatte versprochen, den Krieg zu gewinnen. – Hat er aber nicht.“

„Stimmt. Gott sei Dank.“ Baku seufzte und fuhr fort: „Der Hitler mochte die Juden nicht.“

„Und die anderen Leute, hatten die auch etwas gegen die Juden?“

„Ein Teil mochte sie nicht. Das war früher schon so. Irgendwer hatte immer was gegen sie. Hitler aber ganz besonders.“

„Und Mutter und Großmutter“, wollte Christian wissen, „hatten die auch was gegen sie?“

Baku sah ihn einen Augenblick gedankenvoll an. Dann zuckte er die Schultern: „Sie haben nicht mehr von den Juden gesprochen, so wie sie jetzt nicht mehr von Hitler reden.“

„Und was hatte der Besonderes gegen die Juden?“

„Er gab den Juden einfach an allem, was in Deutschland schlecht war, die Schuld. Er sagte, sie hätten den anderen Deutschen Geld und Arbeit gestohlen. Überhaupt seien die Juden eben keine richtigen Deutschen. Deshalb hat er ihnen alles wegnehmen und sie in Lager bringen lassen, wo sie nur unter sich leben und arbeiten sollten. – Aber das war nicht alles“, setzte er nach kurzem Zaudern noch hinzu. Nachdenklich schob er seine Schirmmütze hin und her.

„Er hat sie umbringen lassen“, sagte er schließlich leise, mit einer Stimme, die vor Zorn und Trauer bebte und verriet, wie nahe das Erlebte für ihn war. Noch hatte die Zeit seine Gefühle nicht in stille Wehmut zu verwandeln vermocht.

Ungläubiges Staunen erfaßte Christian. „Alle?“

„Alle, derer er habhaft werden konnte.“

„Woher weißt du das?“

„Jetzt wissen es alle, die es wissen wollen. Damals wußte jeder ein wenig. Man konnte schon darauf kommen.“

„Hitler ließ die Juden umbringen, und keiner hat ihnen geholfen?“

Völliges Unverständnis klang dem Alten aus der hellen, vor Bestürzung zitternden Jungenstimme entgegen.

„Die meisten Menschen waren nicht eigentlich bösartig, aber jeder tat, als höre und sähe er nichts, könnte nichts von dem, was geschah, verstehen. Keiner konnte es glauben. Keiner wollte es sich vorstellen.“

Die Schirmmütze wanderte wieder unruhig von links nach rechts.

„Ich glaube, gerade davor hatten alle Angst – es sich vorzustellen. Sie dachten, es ginge über ihre Kraft“, murmelte Baku und legte eine seiner riesigen Hände auf Christians Schulter. Sie war warm und beruhigend.

Das Licht der Laterne war ausgegangen. Sie sahen schweigend aus dem Bunker hinaus. Wolkenschatten und Sonnenflekken huschten in ruhelosem Wechsel über die Wiese.

'Und die Mutter und der Großvater, haben sie nicht davon gewußt? Einmal hat die Mutter dem Großvater von einem SS-Mann erzählt. Der hatte sich erschossen, weil er andere umbringen sollte. Und von fast hundert Totenscheinen in der Kartenstelle habe ich sie reden hören. Alle sollen am gleichen Tag an Lungenentzündung gestorben sein. Die Mutter hatte es nicht glauben können. Der Großvater auch nicht. Aber was haben sie geglaubt?‘

Die Gedanken jagten nicht nur als Erinnerungen und Fragen durch seinen Kopf, sie erfüllten sein Gemüt mit schmerzhafter Unruhe.

'Umgebracht. Wie denn umgebracht? So viele Menschen!‘ Er getraute sich nicht, danach zu fragen.

„Wie war das mit den Nachbarinnen?“ fragte er statt dessen.

Der Alte stopfte umständlich seine Pfeife. Immer wieder drückte er mit dem Daumen vorsichtig den Tabak nach, bevor er ihn endlich anzündete. Ein angenehm süßlicher Geruch verbreitete sich, ganz anders als der Rauch der Zigaretten aus Eichenblätter, die sich Christian mit Martin manchmal heimlich drehte.

Baku setzte sich auf das metallene Geflecht des Bettenrostes. Unter der Last hingen die Spiralen quietschend durch. Er zog Christian neben sich.

„Eines Abends klingelte es an der Tür“, begann der Alte zu erzählen. „Ich öffnete, und da standen sie – Frau Goldstein mit Rahel, ihrer Tochter.“

Baku hielt den Kopf leicht zur Seite geneigt. Die Augen hatte er zu kleinen blauen Schlitzen verengt, so als müßte er einen Punkt in weiter Ferne erkennen.

„Ich ließ sie eintreten und wollte gerade Oma Trude rufen, denn ich dachte, sie wollten etwas von ihr, als Frau Goldstein ihre Hand auf meinen Arm legte und sagte: 'Einen Augenblick noch.‘

Sie sah mich verlegen an. Ich hatte das Gefühl, ich sollte eigentlich wissen, warum sie kämen, aber mir fiel nichts dazu ein.

'Laß doch Mutter‘, sagte Rahel, die wohl siebzehn Jahre alt sein mochte, und wandte sich zum Gehen.

'Nein, warte noch‘, sagte Frau Goldstein und hielt die Tochter mit einer heftigen Armbewegung zurück, die man der kleinen Frau gar nicht zugetraut hätte, und fragte mit sich überschlagender Stimme: 'Können wir eine Nacht bei ihnen übernachten?‘

Verstört, unfähig, das Gesagte in seiner wirklichen Bedeutung zu begreifen, stand ich wohl einige Zeit unbeweglich da.

'Können Sie uns eine Nacht verstecken?' Die Stimme versagte ihr fast. Es war ein verzweifeltes, eindringliches Zischen.

Das ist es also, begriff ich endlich. Sie sollten abtransportiert werden. Ich sah sie an, als sähe ich sie zum erstenmal. Sie waren für mich immer die Nachbarinnen, nicht die Jüdinnen gewesen. Daran hatte ich nie gedacht."

Der Alte schwieg, saß bewegungslos, in sich versunken. Sein Blick schien auf ein für Christian unsichtbares Bild gerichtet.

Irgendwann fragte Christian: „Und du hast sie übernachten lassen?"

Baku zuckte trotz der leisen, schüchternen Ansprache zusammen.

„Ja." Er nickte.

„Was das gefährlich?"

„Hätte ich die Nachbarinnen wegschicken sollen?" erwiderte Baku ruhig und fuhr fort: „Oma Trude war dazugekommen. Sie hatte sich wohl gewundert, wo ich blieb. 'Sie müssen bei uns übernachten', sagte ich zu ihr. Sie fragte nicht nach. Begriff sofort, schneller als ich. Sie nahm ihnen die Mäntel ab und winkte, ihr in die Kammer neben der Küche zu folgen, wo sie die Kleidungsstücke an einen Haken hängte.

In der folgenden halben Stunde liefen die Frauen stumm und geschäftig mit Matratzen, Bettzeug und Decken durch das Haus.

Wir redeten nicht mehr darüber. Wir gingen schlafen. Die Nachbarinnen in die Kammer, vor deren kleine, schmale Tür wir vorsichtshalber den Besenschrank geschoben hatten.

In der Nacht blieb es ruhig, wie immer in unserer Gegend. Nur einmal bremste ein Auto scharf vor dem Nebenhaus. Die aufgeblendeten Scheinwerfer warfen ihr grelles Licht durch die Fenster. Aber noch bevor das Wahrgenommene sich in Furcht verwandeln konnte, wendete das Auto und fuhr davon. Es war nicht der erwartete Besuch.

Am nächsten Morgen saßen wir alle zusammen am Küchentisch. Mir ist, als wäre es gestern gewesen. Der heiße Kaffee dampfte, an diesem ersten kalten Herbsttag, sichtbar aus den Tassen. Rahel und ihre Mutter sahen grau wie der Himmel aus, der regenschwer hinter den beschlagenen Fenstern lag. Sie hatten sicher keinen Schlaf gefunden.

'Und wohin nun?' fragte Oma Trude geradezu.

Die Frauen sahen in ihre Kaffeetassen, die sie wie Schalen in den Händen hielten, und hoben gleichzeitig mutlos die Schultern. Ein jammervoller Anblick. Über ihre gesenkten Köpfe hinweg sahen Oma Trude und ich uns lange an. Erst ratlos, dann ängstlich und endlich doch völlig ruhig.

Mit gutmütigem Lächeln nickte mir meine Trude zu. Ich fühlte mich erleichtert, fast froh. Und so blieben die Nachbarinnen eben da.

Anfangs lebten sie mit uns im Haus. Wenn jemand kam, entschlüpften sie durch den Keller in den Garten und dann in den Verschlag des Bunkers. Wegen der Angst vor Bespitzelung – in ihrem Haus wohnten bald nach ihrem Verschwinden hohe Parteifunktionäre – und der zunehmenden Bombenangriffe, mußten sie immer häufiger, gegen Ende des Krieges sogar ständig, im Bunker leben. Das war besonders im Winter hart. Die Kälte dort war schlimmer, als alles, was du erlebt hast. Das kannst du mir glauben."

„Und die Polizei hat die Frauen nicht gefunden?"

Baku schüttelte den Kopf. „Obwohl es oft nahe daran war."

„Aber wenn es geschehen wäre, hätten sie euch dann ins Gefängnis gesteckt?"

„Ich denke schon", stellte der Alte fest und sog an seiner erkalteten Pfeife.

„Dann seid ihr ja richtige Helden gewesen."

Baku hob den Kopf mit einer heftigen, unwilligen Bewegung und sah Christian geradewegs in die vor Bewunderung blitzenden Augen.

„Nein, so ist das nicht. Es wäre für Trude und mich schwerer gewesen, die Frauen wegzuschicken, als sie zu verstecken." Und nach einer Pause setzte er hinzu: „Kannst du dir vorstellen, Martin wegzuschicken?"

Christian zuckte zusammen.

„Na, siehst du."

„Aber ihr hattet doch sicher Angst."

„Natürlich. Aber die größte Angst läßt nach, sobald man sich entschieden hat. Dann fühlt man sich leicht, fast glücklich. Die Angst kommt zwar immer wieder, aber sie kann einen nicht mehr völlig beherrschen. Man kann mit ihr leben, weil man weiß, daß sie vergeht."

Baku streckte seine steif gewordenen Beine und erhob sich mühsam. Der Bettenrost schnellte hoch und mit ihm Christian, der mit willenlos schlenkernden Gliedern vom Bett rutschte.

Nebeneinander stehend, sahen sie in den Garten. Der Sturm ließ die bunten Blätter durch die Luft wirbeln. Die, welche sich den Sonnenstrahlen zuwandten, sahen wie mit glänzendem Lack überzogen aus.

„Und wo sind die Nachbarinnen jetzt?"

„Sie sind tot." Und nach einer Stille, in der das Rascheln der tanzenden Herbstblätter Christian wie ein gewaltiges Rauschen in den Ohren dröhnte, fuhr er zu sprechen fort: „Als die Russen kamen, haben sie sich vergiftet."

Christian sah fassungslos zu dem Alten auf. Er war außerstande, sich zu rühren. Das orkanartige Brausen vibrierte im ganzen Körper.

„Sie müssen gedacht haben, daß man sie abholen würde. In ihrer blinden Angst haben sie den Unterschied der Uniformen wohl nicht wahrgenommen, vielleicht nur die derben Stiefel auf dem Kiesweg gehört und gehandelt."

Ohne ein weiteres Wort trat Baku in den Garten hinaus und ging mit schwerfälligen Schritten zum Haus zurück. Christian folgte ihm in einigem Abstand.

Der Garten hatte seine wilde Buntheit verloren. Entlaubte Äste stachen schwarz in den bewölkten Himmel.

Der Kohlenklau

Christian hatte sie weder aufstehen noch weggehen hören. Erst jetzt wurde er von ihren Schritten vor dem Fenster geweckt. Die Mutter, Großmutter und Tante Grete kamen bereits vom sonntäglichen Kirchgang zurück.

Kurz darauf hörte er das schabende Geräusch des Schlüssels im Schloß, das Öffnen der Tür. Gleich würde ihn die Mutter wecken. Schnell rollte er sich noch einmal wohlig unter dem klumpigen Federbett zusammen.

Die Zimmertür wurde einen Spalt geöffnet.

„Aufstehen. Es ist Zeit für den Kindergottesdienst."

Schon hörte er die Mutter in der Küche mit dem Frühstücksgeschirr hantieren. Mit hartem Strahl lief Wasser in den Teekessel. Nach kurzem Knacken des Feueranzünders zischte die Gasflamme.

Die Geräusche waren Christian so vertraut, daß sie sich hinter seinen geschlossenen Augen in Bilder verwandelten.

„Es wird Zeit", mahnte die Mutter.

Christian streckte sich noch einmal gähnend, dann sprang er aus dem Bett und lief geschwind durch die Küche in die ehemalige Speisekammer, die als Bad diente.

„Morgen." Ein mattes Brummen zur Mutter hin.

In der Kammer stand auf der einen Seite eine ovale Zinkwanne, die freitags mit heißem Wasser zum Baden gefüllt wurde. Auf der anderen Seite befand sich eine Kommode mit weißgrau geäderter Marmorplatte, darauf eine Porzellanschüssel mit kaltem Wasser. Darüber hing ein Spiegel.

Als erstes warf Christian mit beiden Händen Wasser in das über die Schüssel gebeugte Gesicht und prustete so, wie er es immer vom Großvater gehört hatte. Im Spiegel sah er dann in runde, gerötete Augen. Der Mund war vorgeschoben.

'Wie eine Kaulquappe. Ob der Großvater sich auch so betrachtet hat?'

Er beugte sich wieder über die Schüssel, tauchte den Kopf fast ein.

'Besser jetzt nicht an den Großvater denken; das macht zu traurig.'

Nachdem er sich gewaschen und abgetrocknet hatte, kämmte er mit nassem Kamm sein Haar, das jeden Morgen widerspenstig in die Höhe stand.

Auf dem Rückweg durch die Küche sah er, daß die Mutter schon Tee in die Tassen gegossen hatte.

„Beeile dich, und ziehe deine blaue Hose an."

Diesen Satz sagte sie an jedem Sonntag. Christian mochte die gute Hose nicht. Nicht nur weil er sich vorsehen mußte, damit sie nicht verschmutzte oder zerriß. Sie kratzte auch. Aber er hatte sich bei der Mutter nie darüber beklagt, denn sie war stolz darauf, daß er eine Sonntagshose besaß.

Noch war er mit der Mutter allein. Erst wenn er in die Kirche ging, würde sie Uli wecken.

Der Geruch von geröstetem Brot erfüllte die Küche. Die Mutter bestrich eine der Scheiben mit Margarine, die sogleich zerfloß. Christian tat Marmelade auf die ölige Fläche und aß dann mit großem Appetit.

'Es ist die schönste Zeit am Sonntag, trotz der schrecklichen Hose.'

Er leckte mit der Zungenspitze Marmelade aus den Mundwinkeln.

„Jetzt mußt du aber gehen", sagte die Mutter mit einem Blick auf die Küchenuhr.

Unter dem Wasserhahn wusch er die klebrigen Hände, trocknete sie eilig an den Hosenbeinen und lief los.

Die Kirchenglocken klangen bereits aus, als Christian, der den ganzen Weg gerannt wir, eben noch zurechtkam, um mit den anderen Kindern zusammen in die Kirche zu gehen. Mit keuchendem Atem saß er auf der dritten Bank, hatte Seitenstiche und sah abwesend vor sich hin, bis ihn die kräftige Stimme des Pfarrers aufschreckte.

Der Pfarrer war sehr groß, breitschultrig, mit wulstigem Nacken. Der kurze Hals und der kahle Schädel ließen den Kopf riesig erscheinen. Das Gesicht war stets hochrot, die Stimme dröhnend.

„... der Kohlendieb ist ein besonders böser, herzloser Geselle, denn er nimmt nicht den Reichen von ihrem Überfluß, sondern, und das ist noch verwerflicher, den hilflosen, kranken Kindern die Wärme, derer sie so dringend zu ihrer Genesung bedürfen."

Christian sah aus den Augenwinkeln nach rechts und links. Alle Kinder blickten mit leicht in den Nacken gelegtem Kopf zur Kanzel empor. Christian senkte den Blick und besah seine Hände. Unter den Fingernägeln, die er mit einer Bürste lange gereinigt hatte, schienen ihm nun doch noch dünne, graue Ränder zu sein.

Wieder dem Pfarrer zugewandt, hatte er das Gefühl, daß dieser ihn eindringlich betrachtete.

'Er weiß alles.'

Christian wich dem vermeintlichen Blick des Pfarrers aus, sah auf den Kopf vor sich.

„... darum sage ich Euch...", die Stimme des Pfarrers hallte bedrohlich durch das Kirchenschiff.

'Besser ich höre auch nicht mehr zu', beschloß Christian.

Gern hätte sich Christian die Ohren zugehalten, aber wichtiger schien es ihm, auf seinen Händen zu sitzen, um vorsichtshalber die Fingernägel zu verbergen.

'Bin ich wirklich ein gräßlicher Dieb? Ich habe doch nur Kohlen organisiert. Die Erwachsenen nennen es so, wenn sie, was gebraucht wird, besorgen. Sie kaufen, tauschen oder finden, was nötig ist. Es geschieht ganz geheim, aber alle wissen und tun es. Nur der Pfarrer scheint nichts davon zu ahnen. Außerdem wollte ich der Mutter eine Freude machen. Erzählt habe ich ihr gottlob nichts. Sie macht sich immer gleich Sorgen. Denkt, es sei zu gefährlich.'

Christian war am Tag zuvor auf einen langsam fahrenden Güterzug gesprungen und hatte die Klappe am Ende eines Waggons hochgerissen, so daß aus der Öffnung Kohlen zwischen die Gleise gefallen waren. Er hatte das einem Mann nachgemacht, den er vor einiger Zeit dabei beobachtet hatte. Dann war er abgesprungen, hatte gewartet, bis der letzte Wagen des Zuges an ihm vorbei gefahren war, und die zwei mitgebrachten Eimer mit Kohlen gefüllt. Auch andere Leute waren am Bahndamm gewesen und hatten Kohlen aufgesammelt. Alles war wortlos und hastig vor sich gegangen.

Als er mit den schweren Eimern über die Gleise zur Straße gegangen war, sah er, daß der Zug vor dem Kinderkrankenhaus hielt. Viele Menschen waren an ihm vorbei zum Zuge gelaufen, hatten sich auf die Waggons geschwungen und Kohlen heruntergeworfen. Nicht jeder hatte ein Behältnis bei sich. Manche Frauen hatten ihre Schürzen hochgenommen, mit Kohlen gefüllt und wie ein Bündel vor sich hergetragen. Kinder hatten vier oder fünf Briketts zwischen die Handflächen gepreßt und waren fortgerannt. Andere hatten nur eine Kohle in jeder Hand gehabt.

Die Eimer waren sehr schwer gewesen. Auf dem Weg nach Hause war es ihm vorgekommen, als würde ihr Gewicht von Straße zu Straße zunehmen. Immer wieder hatte man ihn angesprochen und wollte wissen, wo es die Kohlen gab. Schließlich hatte er nur noch eine Kopfbewegung zum Bahndamm gemacht. Und Angst hatte er gehabt, daß ihm ein größerer Junge die Eimer wegnehmen würde.

Zu Hause hatte er sie dann direkt auf der Türschwelle abgesetzt. Er hätte sie einfach nicht weiter tragen können. Als die Mutter öffnete, hatte sie ihn fragend angesehen.

„Am Bahndamm sind Kohlen vom Zug gefallen", hatte er mit dünner Stimme gesagt.

Die Mutter hatte nicht gefragt, warum er gerade zwei Eimer bei sich gehabt hatte. Sie hatte ihn etwas länger als gewöhnlich angesehen, gelächelt und die Eimer in die Küche getragen. Er hätte ihr auch nicht verraten können, daß er den Tip von dem einbeinigen Faktotum aus dem Krankenhaus hatte, denn dann hätte er auch beichten müssen, daß er manchmal Tabakblätter für ihn mopste, zu Hause und aus Nachbargärten.

Christian hörte lauten Gesang. Helle Kinderstimmen. Das Schlußlied des Kindergottesdienstes. Er hatte gar nicht bemerkt, daß er mit den anderen aufgestanden war, aber er brachte keinen Ton heraus. Schweigend verließen alle die Kirche; nur das Scharren der vielen Kinderfüße war zu hören. Christian war froh, daß er so nahe an einer der Seitentüren gesessen hatte. Schnell konnte er die Kirche verlassen, jeder Ansprache auswei- chen und nach Hause laufen.

In der Küche waren Großmutter und Mutter dabei, das Mit- tagessen zuzubereiten. Christian setzte sich still an den Tisch und schaute ihnen zu. Die Großmutter, die das Gemüse putzte, gab ihm eine Mohrrübe.

„Wird eigentlich in eurer Frühmesse das gleiche gepredigt wie im Kindergottesdienst?"

Die Mutter sah überrascht vom Kartoffelschälen auf.

„Morgens ist immer eine stille Messe, ohne Predigt. Warum fragst du?"

„Ach nur so."

Bei jedem Biß in die Mohrrübe knackte es kurz und laut, da- nach war ein knirschendes Mahlen zu hören. Der Gedanke an die stille Messe erleichterte ihn. Er schob seine Vorderzähne vor, klemmte die Unterlippe dahinter und nagte wie eine Kanichen an der Möhre. Mutter und Großmutter lachten.

'Wenn ihr wüßtet, daß so ein als Hase getarnter Kohlenklau aussieht', dachte Christian übermütig.

II. TEIL: 1946 – 1953

Onkel Karlchen

Sie saßen um den runden Tisch bei Tante Liesbeth, Christian und seine Mutter, deren Freundin, die sogenannte Tante Liesbeth, und deren Tochter Inge.

Mutter und Tante redeten mit aufgeregten, hohen Stimmen. Manchmal flog ein hektisches Lachen auf, als hätte ein kurzes In-die-Hände-Klatschen einen Schwarm Vögel aufgeschreckt.

Sie hatten sich seit Kriegsende nicht gesehen. Christian hörte das Gespräch, ohne ihm zu folgen.

Wenn ein Flugzeug das Haus überflog, verschluckte der Lärm die Stimmen. Putz rieselte von der vom Stuck fast völlig entblößten Zimmerdecke und legte sich wie Tau auf die Mahagonimöbel. Lange Sonnenstrahlen fielen auf die Wände des Berliner Zimmers, deren Tapeten an mehreren Stellen in Fetzen herabhingen. Es sah aus, als wären die Tapetenblumen gewelkt.

Inge, die zwei Jahre jünger als Christian war, lutschte am Daumen und nippte bisweilen an dem roten Saft, den sie bekommen hatten. Sie hatte magere, aschblonde Zöpfe und ein sehr weißes, kleines Gesicht. Wenn sie aufsah, was selten geschah, huschte ihr Blick hastig durch den Raum, ohne sich irgendwo festzusehen.

Tante Liesbeth war dunkelhaarig, groß und dabei so zart, daß es Christian scheinen wollte, als schwebe sie in ihrem dünnen, bunten Kleid durch den Raum, wenn sie kurz aufstand, etwas zurechtrückte, das Fenster öffnete oder schloß, ohne das Gespräch zu unterbrechen. Ihre Bewegungen waren ebenso leicht wie sinnlos. Die dunkelrot geschminkten Lippen verliehen dem Gesicht eine unerwartete Härte.

Während des Gesprächs wurde die Tür des Nebenzimmers geöffnet. Die Mutter und Christian sahen auf. Tante Liesbeth winkte, ohne sich umzudrehen, ab.

„Ist doch nur Karlchen", sagte sie und fuhr zu erzählen fort, als wäre niemand eingetreten.

Sie blickten den Mann, der die Tür sorgfältig hinter sich schloß, an und machten Anstalten aufzustehen, blieben dann aber doch zögernd sitzen. Onkel Karlchen verhielt sich nämlich wie Tante Liesbeth, so als wäre niemand im Zimmer, und ging stumm und ohne zum Tisch hinzusehen zur gegenüberliegenden Tür, die zum Flur führte.

Christian war schon vor dem Besuch sehr gespannt auf den Onkel gewesen, der erst vor wenigen Wochen aus der Gefangenschaft entlassen worden war. Zu Hause hatten sich die Erwachsenen über ihn unterhalten.

'Schlimm, was in der Gefangenschaft aus den Menschen wird', hatte die Großmutter gemeint. Richtig merkwürdig soll er geworden sein. Wenn sie ihn nicht kennen würde, könnte sie sich vor ihm fürchten, hätte selbst die eigene Schwester gesagt, fuhr sie fort.

'Denk doch an seinen Kopfschuß. Vielleicht sind das die Folgen', hatte Tante Grete hinzugefügt. Und dann war es zu Hause ebenso still im Zimmer gewesen wie in diesem Augenblick, wo Onkel Karlchen langsam von einer Tür zur anderen schlurfte.

Ein klapperdürrer, langer Kerl, der eine graue Strickmütze trug, die die Stirn verdeckte und trotz der Wärme über die Ohren gezogen war.

'Bestimmt verbirgt er damit die Narbe vom Kopfschuß.'

Das Gesicht war graublau aufgedunsen. Die Augäpfel wölbten sich, begrenzt von einer riesigen, dünnflügligen Nase, trüb nach außen. Die Lippen waren aufeinandergepreßt. Diese strenge Linie hatte wohl schon lange kein Wort mehr durchbrochen. Über kamelhaarfarbenen Pantoffeln trug er einen gestreiften Flanellschlafanzug, dessen Hosen er mit einer Hand am viel zu lokkeren Bund festhielt.

Christian konnte sich nicht erinnern, je eine so elende Gestalt gesehen zu haben.

„Karlchen hat mich gar nicht gesehen", flüsterte die Mutter, verwirrt von dem Anblick.

„Laß nur, man muß ihn in Ruhe lassen. Einfach nicht beachten. Er begreift sowieso nichts." Tante Liesbeths Stimme klang gleichgültig.

„Aber man muß doch mit ihm reden..." Bevor die Mutter weitersprechen konnte, sprang Tante Liesbeth entschlossen auf.

„Wir wollen uns doch den schönen Tag nicht verderben lassen, oder? Also, los zum Eisessen."

Eilig schoben alle die Stühle zurück, liefen durch die Tür zum Flur, durch die vorher Onkel Karlchen verschwunden war, und weiter zur Wohnungstür. Die Toilettenspülung rauschte. Ein letztes Lebenszeichen von Onkel Karlchen, dann fiel die Wohnungstür hinter ihnen ins Schloß.

'Seltsam ist er. Und wie jammervoll er aussieht. Gerne wäre ich im Zimmer sitzen geblieben, um auf ihn zu warten. Vielleicht hätte er mich bemerkt und gesagt: «Du bist ja ganz allein noch geblieben. Willst du denn mit mir reden?»'

Er konnte sich die Stimme vorstellen: leise und schleppend. Er hätte nichts erklärt, nur genickt und gehofft, daß sich Onkel

Karlchen zu ihm setzen würde. Er hätte den Onkel gern nach der Gefangenschaft gefragt, das hatte er sich auf dem Weg vorgenommen, denn er dachte an seinen Vater und fragte sich, ob der wohl auch so verstört wiederkommen würde.

Auf dem untersten Treppenabsatz blieb Tante Liesbeth abrupt stehen.

„Ich habe vergessen abzuschließen“, sagte sie und hatte sich schon umgewandt.

„Aber Karlchen ist doch da“, beruhigte die Mutter.

„Eben. Der läuft in Gedanken einfach aus der Wohnung und läßt womöglich die Tür offenstehen.“

„Du schließt ihn ein?“

Tante Liesbeth war schon die ersten Stufen nach oben gelaufen. Sie antwortete der Mutter nicht. Vielleicht hatte sie die Frage auch nicht mehr gehört, denn ihre Absätze klapperten laut auf den Holztreppen.

Sie sahen nach oben, folgten mit ihren Blicken der Hand, die auf dem Treppengeländer flink emporglitt. Eine Tür wurde geöffnet. Dann war es still. Nach einer Weile hörten sie, wie die Tür ins Schloß fiel und verschlossen wurde.

Jetzt rutschte ihnen die andere Hand auf dem Treppenlauf entgegen. Das Klappern der Schuhe kam eilig näher.

„So, nun laßt uns aber wirklich gehen.“ Mit diesen Worten lief Tante Liesbeth an den Wartenden vorbei, den letzten Treppenabsatz herunter und, ohne sich umzusehen, zur Haustür hinaus.

Die Konditorei, in die sie zum Eisessen gingen, lag fast eine halbe Stunde entfernt. Unterwegs waren sie an einem anderen Eiscafé vorbeigekommen, aber Tante Liesbeth bestand darauf weiterzugehen.

„Ich kenne mich schließlich aus. Bei Schröters gibt es das beste Eis. Der Weg lohnt sich."

„Warum gehen wir sonst immer gleich an der Ecke zu Schmitz", wunderte sich Inge.

„Weil wir sonst keine Gäste dabei haben", erwiderte sie ungeduldig.

Bei der Konditorei Schröter angekommen, reihten sie sich in die Schlange der Wartenden ein. Die Tische leerten sich nur langsam. Tante Liesbeth, sonst stets flatternd vor Unruhe, machte das Warten nichts aus.

„Schließlich wollen wir ja nicht hetzen und gemütlich sitzen", sagte sie aufmunternd und wehrte den Vorschlag, nur eine Waffel zu kaufen, ab.

Endlich wurde ein Tisch für zwei Personen frei, an den sie noch zwei Stühle von den Nachbartischen dazuholten. Und endlich standen dann die Eisbecher mit weichen roten, grünen und braunen Eiskugeln auf dem Tisch.

„Toll!" Erstmals sah Inge Christian offen und fröhlich an.

„Finde ich auch", entgegnete er begeistert, „und danke Tante Liesbeth", fügte er hinzu. Die Mutter hatte ihn unter dem Tisch mit der Fußspitze angestoßen und gleichzeitig auffordernd angesehen.

Tante Liesbeth erzählte viel und aß langsam. Nur in ihrem Glas waren noch wässrige Eisreste als alle längst fertig waren.

„Noch einmal, weil es so schön war", rief sie, winkte der Serviererin und bestellte tatsächlich noch einmal dasselbe.

Inge schlug vor Freude in die Hände. Der Mutter schien es nicht recht zu sein, und Christian war es nach der Hälfte zuviel. Langsam und stumm löffelte er den Rest und dachte an Onkel Karlchen.

'Dieser erwachsene Mann wird eingeschlossen. Das ist ja, als wäre er weiter in Gefangenschaft.'

„Schade, daß Onkel Karlchen nicht dabei ist", sagte er aus seinen Gedanken heraus.

„Eis ißt er nicht." Diese Feststellung von Tante Liesbeth erfolgte so kategorisch, daß sich jede weitere Äußerung, den Onkel betreffend, verbot.

Es dämmerte schon, als sie sich verabschiedeten. Tante Liesbeth hatte noch auf einem Spaziergang in der Umgebung bestanden und der Mutter hier und da ihnen beiden bekannte, jetzt zerstörte oder veränderte Straßenecken und Häuser gezeigt.

„Bis zum nächsten Mal. Wir wollen nicht wieder soviel Zeit bis zum Wiedersehen vergehen lassen", rief Tante Liesbeth ihnen im Lärm des einfahrenden Zuges zu.

Sie winkten einander durch das Abteilfenster abschiednehmend zu, freundlich, müde und schon weit entfernt.

„Das war ja ein richtiger Dauerbesuch", stöhnte Christian, als er nun mit der Mutter allein war, blähte die Wangen und stieß die Luft aus.

„Ich dachte auch, daß wir viel eher zu Hause wären."

Sie saßen sich in der S-Bahn gegenüber. Die Mutter sah aufmerksam aus dem Fenster in die unterirdische Dunkelheit, als wäre eine interessante Landschaft zu sehen. Als der Wagen in einer Kurve hin- und herschlenkerte, war ihr Körper eins mit der Bewegung. Fast wäre sie von der Bank gerutscht.

Christian saß schweigend auf seinem Platz und beobachtete alles, was im Abteil geschah, im spiegelnden Fensterglas. Er hätte die Mutter gern gefragt, wie Onkel Karlchen früher gewesen war, aber sie war eingeschlafen. Ihr Kopf, den sie an die

Seitenwand gelehnt hatte, war langsam nach vorn gesackt und wackelte leicht im Fahrtrhythmus, als hinge er, wie bei einer Marionette, an einem Faden.

'Gut, wenn sie etwas schläft. Sie muß ja noch zur Nachtschicht', dachte Christian und war froh zu wissen, daß die Strekke bis zu ihrer Haltestelle keine Kurve mehr haben würde.

Am nächsten Nachmittag, als Christian bei den Schularbeiten saß und nur die Fliegen die Stille durchsurrten, hörte er plötzlich hastige Schritte im Flur.

'Tante Grete kommt vom Einkauf. Warum die es nur so eilig hat?'

Sie vergaß sogar die Wohnzimmertür einzuklinken, so daß diese durch den Zugwind in regelmäßigen Abständen gegen die Schwelle stieß. Christian ging hin, um die Tür zu schließen.

Als er im Flur stand, hörte er Tante Grete in der Küche sagen: „... ja tot ist er. Karlchens Schwester sagt, er habe sich gestern Nachmittag mit Gas vergiftet."

Was die Großmutter antwortete, war durch die anschlagende Tür nicht zu hören.

Christian blieb auf seinem Weg zum Wohnzimmer wie erstarrt vor der geöffneten Küchentür stehen.

„Mein Gott, wir essen fröhlich Eis, und er dreht den Gashahn auf." Die Stimme der Mutter klang so verstört, wie er sich fühlte.

'Onkel Karlchen tot? Gestern hat er doch noch gelebt.'

„Seine Schwester behauptet, daß Liesbeth ihn loswerden wollte", sagte Tante Grete.

Alle schwiegen. Sahen vor sich hin. Die Mutter schüttelte energisch den Kopf: „Nein, nein", wehrte sie ab. „Er sah wirklich sehr niederschlagen und verwirrt aus."

„Für ihn ist es wohl das Beste", hörte Christian die Großmutter sagen.

'Totsein ist das Beste? Besser als was? Tot ist doch tot, und nichts kann sich mehr ändern.'

In diesem Augenblick fühlte er die Blicke der Frauen auf sich gerichtet, die ihn jetzt erst bemerkt hatten.

'Habe ich laut gedacht?'

„Christian." Die Stimme der Großmutter war erschrocken und vorwurfsvoll.

„Ich habe nicht gelauscht."

„Wie lange stehst du da schon? „

„Tante Grete hat die Wohnzimmertür nicht geschlossen. Das wollte ich eben tun."

„Ach so." Die Großmutter war erleichtert.

„Onkel Karlchen ist gestern, während wir unterwegs waren, gestorben." Die Mutter mühte sich die Worte ruhig aneinanderzureihen.

„Dann kann ich ihn ja nie mehr fragen." Christian empfand einen Verlust, als habe er den Onkel gekannt.

Keiner fragte ihn, wonach er ihn hätte fragen wollen. Überhaupt schienen sie weder ihn, noch sonst etwas wahrzunehmen. Sie standen einfach da, hatten in ihren gewohnten Bewegungen innegehalten und sahen traurig und ratlos vor sich hin.

Christian sah Tante Liesbeth nie wieder. Auch wurde in seiner Gegenwart niemals mehr von ihr oder Onkel Karlchen gesprochen.

Unter der Schulbank

Christians Radiergummi fiel auf die Erde, weich, unbemerkt von den anderen, die, über die Hefte gebeugt, ihre Aufgaben rechneten. Bei dem geringsten Geräusch, das durch Papierrascheln, Füßescharren oder Flüstern entstand, hob der Lehrer, der lesend an seinem Pult saß, den Kopf. Das genügte, um wieder völlige Ruhe herzustellen.

Im Klassenraum war lautlose Stille. Alle Rücken, auch der des Lehrers, waren bewegungslos über die Hefte gerundet. Um den Radiergummi aufzuheben, neigte sich Christian, ohne den Stuhl zurückzuschieben, seitlich herab.

Sein Kopf schwang über dem fleckigen, rotbraunen Linoleumboden. Ein Geruch wie von Urin und Schweiß, der vom Bohnerwachs herrührte, stieg ihm in die Nase. Vor seinen Augen die Beine der Klassenkameraden. Erstaunt stellte Christian fest, daß er sie kopfüberhängend an ihren Beinen oder Füßen ebenso erkannte, wie wenn er ihnen ins Gesicht sah.

Vor ihm Bernd, die Beine eng, die Füße ordentlich nebeneinander. Gleich in der Reihe davor Jürgen. Seine Schuhspitzen berührten den Boden, die Beine wippten unruhig. Daß die Beine zwei Reihen weiter zusammengehörten, verrieten nur die gleichen Strümpfe, so verdreht und abgeknickt waren die Füße aufgesetzt. Löcher in beiden Schuhsohlen, die wie nasse Flecken aussahen. Das war Robert. Aus den blanken Schuhen daneben rutschte an der Ferse Zeitungspapier heraus. Peter, der zu langsam in die Schuhe seines Bruders hineinwuchs.

Als Christian den schwer gewordenen Kopf, um nicht an den Tisch zu stoßen, vorsichtig hob, sah er unter dem gemeinsamen

Pult Dieters Pausenbrote. Tiefrote Fleischwurst mit glänzenden Speckstücken hing über den Rand der dicken Brotscheiben, die auf dem achtlos aufgerissenen Papier zwischen ihrer beider Mappen lagen. Er vermochte den Blick nicht gleich abzuwenden. Seinen Kopf zwischen Stullenpaket und Tischkante fragte er sich, wie Dieter jeden Tag zu solchen Broten kommen konnte, die es bei ihnen nicht einmal am Sonntag gab. – Schließlich hatte er sich wieder geräuschlos aufgesetzt, gerade in dem Augenblick, als der Lehrer prüfend seinen Blick über die Köpfe streifen ließ. Er beugte sich über sein Heft und versuchte weiterzurechnen. Doch immer wieder schoben sich vor die Rechenaufgaben im Heft die Wurstbrote, nicht nur ihrem Aussehen nach, sondern zunehmend auch mit ihrem würzigen Geruch und Geschmack. Christian drückte den Federhalter fester auf, als könnte er die abschweifenden Gedanken aufspießen und sich dann besser auf das Rechnen konzentrieren. Die Folge war ein riesiger Tintenfleck, der nach Christians Einschätzung etwa die Größe der Wurstscheibe haben mochte.

Die Schulglocke schrillte. Große Pause. Die Schüler legten die Hefte vorn auf das Pult des Lehrers, der den Klassenraum gleich mit dem Klingelzeichen verlassen hatte, und rannten auf den Hof. Als letzter legte Christian sein Heft obenauf. Dabei dachte er nicht an die ungelösten Aufgaben oder den Tintenfleck. Er konnte nur an das Pausenbrot denken, das Dieter nicht mitgenommen, sondern unter dem Tisch liegengelassen hatte.

Auf dem Flur schlug eine Tür zu. Vor den Fenstern, die man zu öffnen vergessen hatte, gedämpfter Lärm vom Schulhof. Es waren keine einzelnen Stimmen zu hören, vielmehr waren alle in ein fernes Rauschen verwoben. Christian fühlte sich gänzlich verlassen, abgetrennt von der Gemeinschaft der anderen mit ihren Spielen und ihrem Lachen, nur seinem fiebrigen Verlangen ausgeliefert.

Während er wie unter Zwang zu seinem Platz zurückging und sich setzte, wurde seine Haut von feuchter Hitze überzogen. Wie zuvor beugte er sich unter die Tischplatte, griff nach einem der Brote und biß hinein.

Christians Kopf hing, wie beim Aufheben des Radiergummis, tief neben seinen Beinen, fast über den Schuhen. Er kaute kaum, schluckte hastig. Statt eines Geschmacks auf der Zunge, fühlte er im Hals einen würgenden Druck. Die Bissen schienen eher in den Kopf, als in den Magen zu gelangen.

Auf den Fluren Getrampel. Schreien und Lachen schwappten heran. Die Pause war beendet. Christian hatte das Klingelzeichen überhört. Noch immer hing sein Kopf herab, rot und dröhnend.

Als die anderen in die Klasse stürmten, band er seine Schnürsenkel. Jürgen sah ihn an und wollte etwas sagen, aber schon betrat der Lehrer das Klassenzimmer.

'Und wenn Dieter nach seinen Broten greift?'

Erst jetzt wurde Christian sein Handeln so recht bewußt. Scham flammte den Hals hinauf und verfärbte sein Gesicht. Furcht, entdeckt zu werden, erfaßte ihn.

Tatsächlich griff Dieter eben unter den Tisch. Sehr langsam angelte er nach einer Schnitte, um das Knistern des Butterbrotpapiers zu vermeiden. Schließlich aß er herzhaft kauend, hinter einem aufgeschlagenen Buch versteckt. Als das Brot gegessen war, schob sich sein Arm erneut in das Fach. Christian saß steif vor Schrecken neben ihm. Einen Augenblick war Dieter erstaunt. Ungläubig streckte er seinen Arm tiefer in das Fach hinein, machte eine vorsichtige Bewegung von rechts nach links, um dann mit kaum merkbarem Achselzucken festzustellen, daß er sein Pausenbrot offenbar schon aufgegessen hatte.

Dieter lächelte arglos zu Christian hinüber und zog dabei mit gespielter Verzweiflung die Schultern fast bis zu den Ohren hinauf. Dann war sein Nacken auch schon wieder über das Buch geneigt, als wäre nichts geschehen.

'Der weiß nicht einmal, wieviel er gegessen hat. Das gibt es doch nicht. Das hieße ja, daß er eigentlich immer satt ist. Nur noch aus Vergnügen ißt.'

Christian stieß seinen Federhalter in die Tischplatte vor sich und folgte den runenhaften Jahreszahlen, Namen und eingekerbten Zeichnungen. Er vertiefte damit nicht nur diesen Ausdruck für Desinteresse und Langeweile, sondern vor allem den von Beschämung, Wut und Angst ganzer Schülergenerationen.

Heimkehr eines Fremden

Als Christian wach wurde und das gleichmäßige Trommeln des Regens auf dem Fensterbrett hörte, wunderte er sich, daß er bei diesem Geräusch hatte schlafen können.

Die Mutter kam in das Kinderzimmer, um sie zu wecken.

„Frühstücken wir bei dir im Bett?“ fragte Ulrich und schlug schon sein Bettzeug zurück.

„Wie versprochen“, bestätigte die Mutter lächelnd.

Ulrich schob die Füße in die vor dem Bett stehenden Hausschuhe.

„Juhu!“ jubelte er und rannte als erster an der Mutter vorbei in die Küche.

Wenn Christian Schulferien hatte, durften sie manchmal bei der Mutter im Ehebett frühstücken. Bevor sie es sich aber gemütlich machen konnten, waren einige Aufgabe zu erfüllen.

Als Tablett diente für jeden ein Holzbrett, auf das die Mutter die bestrichenen Marmeladenschnitten legte. Christian stellte Tassen dazu. Ulrich trug Zuckerdose und Milchkännchen ins Schlafzimmer und stellte beides auf einen der Nachttische.

Die Mutter schüttelte tüchtig die Kopfkissen auf. Christian reichte ihr Sofakissen, die er aus dem Wohnzimmer geholt hatte und die sie nun hinter die Kopfkissen stopfte, wodurch eine feste, gerade Rückenlehne entstand.

Die Mutter setzte sich in die Mitte der Ehebetten. Ulrich kletterte in das Bett an ihre linke Seite. Christian reichte ihnen die Frühstücksbretter. Dann nahm auch er seinen Platz auf der rechten Bettseite ein, doch obwohl er sich äußerst vorsichtig auf die Matratze setzte und behutsam die Beine nachzog, gab sie nach, und der Tee in den Tassen drohte überzuschwappen. Vor Aufregung zog Ulrich pfeifend die Luft ein.

Endlich saßen sie dann eng beieinander und konnten sich kaum rühren. In der Sorge, die Matratzen könnten nachgeben und alles erneut ins Schwanken bringen, kauten sie sogar vorsichtig. Brotkrümel fielen neben das Brett und konnten aus eben diesem Grund nicht aufgenommen werden.

'Nachher pieken sie unter den Beinen. Komisch, daß etwas so Unbequemes so schön sein kann', dachte Christian.

„Liest du uns nach dem Frühstück noch ein Märchen vor? Bitte!" Ulrich zog das Bitte mit einem singenden Ton bettelnd in die Länge.

„Aber nur eines."

„Hänsel und Gretel", schlug Ulrich vor.

Christian nickte und balancierte sein Frühstücksbrett zum Nachttisch, um dann der Mutter das ihre abzunehmen. Ihm war es recht. Er mochte Märchen, die er gut kannte, besonders gern.

In diesem Augenblick wurde an das Fenster geklopft. Sie erschraken und lauschten. Jemand mußte mit einem Stock gegen das Fenster geschlagen haben. Sehen konnten sie nichts, denn die Vorhänge waren noch zugezogen. Wieder wurde gegen das Fenster geschlagen.

„Guck doch mal, Christian, aber laß dich nicht sehen!" sagte die Mutter leise.

Christian ließ sich aus dem Bett gleiten und huschte zum Fenster. Er duckte sich unter den Vorhang und hob dann den Kopf ein wenig über den Rand des Fensterbrettes.

„Was ist denn?" flüsterte die Mutter.

Christian streckte sich etwas höher, da er bisher niemanden sehen konnte. Im gleichen Moment stieß ein langer Stock, der sonst die Äste des Pflaumenbaumes abstützte, gegen das Fenster. Unter sich im Vorgarten sah er einen Mann stehen. Er war schwarz gekleidet und trug eine schwarze Schirmmütze über einer schwarzen Augenklappe, die das rechte Auge verdeckte. Das andere Auge starrte ihn wütend an.

„Macht doch endlich auf!“ brüllte der Mann, der mit weit zurückgelegtem Kopf zu ihm heraufsah, „Wie lange soll ich noch im Regen stehen?“

„Wer ist es denn?“ hörte Christian die Mutter fragen.

Er drehte sich um und kroch wieder unter dem Vorhang hervor. Ulrich und die Mutter saßen noch immer kerzengerade in den Betten.

„Ein Mann.“

„Kennst du ihn?“

Christian schüttelte den Kopf. Ihm war unbehaglich zumute.

Die Muttter schlüpfte aus dem Bett und zog ihre lange Strickjacke über das Nachthemd. Als sie vor dem Fenster stand, schob sie die Übergardine nur eben soviel auseinander, daß sie nach draußen sehen konnte, ohne selbst gesehen zu werden.

„Paul!“ Ein ungläubiger, geflüsterter Aufschrei.

'Paul? Paul heißt der Vater. Soll das der Vater sein? Aus der Gefangenschaft. Aus Amerika. Heute bei dem Regen!'

Die Mutter hatte den Vorhang aufgezogen, klopfte gegen die Scheibe und machte ein Zeichen mit der Hand, das Christian nicht erkennen konnte. Während sie, ohne einen Blick auf die Jungen zu werfen, zur Wohnungstür eilte, zog sie die Strickjacke zurecht und knöpfte sie bis zum Hals zu.

Ulrich, der noch immer mit seinem Brettchen in der Hand im Bett saß, sah der Mutter verstört nach. Christian nahm es ihm ab und legte es auf die anderen. Tassen, Zuckerdose und Milchkännchen stellte er dazu. Danach ging er das Fenster öffnen und ließ die feuchtkühle Luft in das schlafwarme Zimmer hinein. Geschäftig zog er die Laken glatt, stopfte ein überhängendes Ende unter die Matraze.

„Was ist?“ wollte Ulrich wissen, der jetzt fröstelnd in seinem Schlafanzug am Fenster stand und Christian verwirrt zusah.

Bevor Christian antworten konnte, betrat der Mann, der eben noch im Vorgarten gestanden hatte, das Schlafzimmer. Sein gesundes Auge durchstreifte ungeduldig den Raum und blieb dann starr auf Ulrich haften, der unter dem Blick unruhig wurde und ratlos den der Mutter suchte.

„Christian!“ rief der Mann und lief auf Ulrich zu.

Ulrich sah nun zu Christian hinüber, der sich rückwärts auf die Tür zubewegte. Im Türrahmen blieb er stehen und betrachtete die riesigen, erdigen Fußabdrücke. Die Mutter stand in der Mitte des Zimmers, zwischen Christian und Ulrich.

Ulrich schrie auf, als der Mann ihn hochriß und auf den Arm nahm.

„Halt!“ rief die Mutter und schlug sich fast gleichzeitig erschrocken auf die Lippen.

Der Mann warf Ulrich übermütig lachend zur Zimmerdecke empor und fing ihn wieder auf. Ulrich schrie.

„Ich nehme ihn dir lieber ab.“

Der Mann sah enttäuscht auf den weinenden Ulrich, den er für Christian hielt, legte ihn der Mutter in die Arme und ging seinen Koffer holen, den er beim Eintreten neben der Tür hatte fallenlassen.

Obwohl er Christian fast streifte, beachtete er ihn nicht.

'Was glaubt er denn, wer ich bin? Unheimlich ist er, düster und laut. Das ganze Zimmer ist voll von ihm.'

Der Vater schwang seinen kleinen, breiten Holzkoffer auf eines der Betten und ließ die metallenen Verschlüsse aufschnappen. Den Kofferdeckel, den blanke Schaniere hielten, stellte er hoch und begann auszupacken. Einige Kleidungsstücke, Schreibzeug, eine flache Ledertasche und zwei umfangreiche Bücher, die Christian besonders auffielen, denn sie waren nicht gebunden. Zwischen dicke, marmorierte Pappdeckel waren hunderte zerlesener Seiten gepreßt. Eine Kordel war durch die Lochungen gezogen und über den Deckeln verknotet.

„Das ist für dich." Der Vater hatte über seine rechte Hand eine Kasperlepuppe gezogen und ließ sie vor Ulrich hin- und hertanzen. Dazu summte er mit tiefer, unmelodischer Stimme und tippte mit der Zipfelmütze Ulrich in kurzen Abständen gegen die Stirn.

Ulrich sah ihn mit weit aufgerissenen Augen an. Er hatte aufgehört zu weinen, aber er lachte nicht.

Nach einiger Zeit zuckte der Vater unwillig mit den Schultern und warf die Kasperlepuppe achtlos auf das Bett.

„Für dich." Er reichte der Mutter die flache Tasche, die aus vielen verschiedenfarbenen, kleinen Lederstücken bestand.

„Habe ich in der Augenklinik angefertigt. Das lernten sogar Blinde."

Die Mutter fuhr behutsam mit der Handfläche über das Leder und lächelte anerkennend und dankbar.

'Was wird er für mich haben', dachte Christian und konnte sich nichts vorstellen, zumal der Vater ihn bisher nicht einmal bemerkt zu haben schien.

In diesem Moment faßte der Vater mit den Zeigefingern in die Scharniere und ließ den Holzdeckel laut herunterfallen. Der Koffer war ausgepackt.

'Aber mich gibt es doch auch.' Christian hätte es gern herausgeschrien, aber es kam kein Wort über seine Lippen. Er starrte auf die drei Menschen im Zimmer wie auf ein Bild. Ein oder zwei Minuten vermeinte er, weder eine Bewegung noch einen Laut wahrzunehmen. Als sich die Figuren jedoch anschickten, aus dem Bild zu gehen, rannte Christian in das Kinderzimmer, zog über den Schlafanzug sein Trainingszeug und stürmte die Treppe herunter aus dem Haus.

'Wohin nur?' dachte er – und war schon auf dem Weg zu Martin.

Schließlich stand er dort auf der Schwelle mit vor Nässe dunklem Haar und feuchtem Gesicht.

„Du?" Martin war überrascht.

„Wer ist es?" rief seine Mutter aus der Küche.

„Christian."

Martins Mutter kam in die Diele und sah auf Christians aufgeweichte Hausschuhe.

„Gib ihm deine dicken Stricksocken", sagte sie zu Martin. „Daß du dich nur nicht erkältest. Komm trink erstmal eine heiße Milch. Wir sind sowieso gerade beim Frühstücken."

Christian folgte ihr in die Küche. Martin brachte noch einen warmen Pullover, den er gegen die nasse Trainingsjacke austauschte, bevor er neben Martin auf die Küchenbank rutschte.

Er war froh, daß die Milch kochend heiß war, denn er wußte nicht recht, was er sagen sollte. Er pustete eifrig und aufmerksam auf die Milchoberfläche, an der sich eine faltige Haut zu bilden versuchte, bevor er das durch unablässiges Rühren mit dem Kaffeelöffel endgültig verhinderte. Dann trank er langsam Schluck für Schluck. Er dachte an Onkel Karlchen und seinen Vater, die beiden Heimkehrer.

Martin erzählte unterdessen irgend etwas, was er nur als Geräusch wahrnahm. Auch darüber war er froh, denn so mußte er noch immer nichts sagen, um sein Kommen zu erklären.

'Ich kann ihm doch nicht sagen, daß es vielleicht besser ist, daß sein Vater im Krieg gefallen ist.'

„Geht nur. Ich wasche das Geschirr alleine ab", hörte er Martins Mutter sagen. Sie gingen in das Wohnzimmer.

Trotz des Regens war die Balkontür nur angelehnt. Feuchte Luft drang ins Zimmer. Mit der heißen Milch im Magen und den trockenen Sachen am Körper, fühlte sich Christian aber gut durchgewärmt. Tränen wollten aufsteigen. Er preßte die Kiefer fester aufeinander.

Eine Weile saßen sich die Freunde schweigend gegenüber. Aus der Küche war das Klappern des Geschirrs zu hören. Auf dem Balkon gackerte das Huhn Elfriede.

„Ich muß dir etwas Komisches erzählen", begann Christian endlich. „Nein, eigentlich ist es nicht komisch. Es ist nur ganz anders, als ich es mir vorgestellt habe."

„Verstehe kein Wort", sagte Martin ruhig in die wieder entstandene Pause hinein.

Christian schreckte auf, als habe er vorher nur zu sich selbst gesprochen.

„Mein Vater ist gekommen."

„Und du bist hier?"

„Zu Hause konnte ich nicht bleiben."

„Verstehe ich nicht." Martin starrte den Freund verständnislos an.

„Er hat mich gar nicht gesehen."

Martin wußte, daß Christians Vater wegen einer Augenverletzung, die er sich bei der Arbeit auf einer Farm zugezogen hatte, die letzten Wochen der Gefangenschaft in einem Krankenhaus gewesen war.

„Du meinst, er sieht nichts mehr? Er ist blind?" fragte er teilnehmend.

„Nein, das nicht."

Martin verstand nichts. 'Christian wird es schon erklären', dachte er bei sich, stützte die Ellenbogen auf die Knie, legte den Kopf in die Hände und wartete geduldig.

„Na, sag schon", unterbrach er dann schließlich doch die Stille, denn er spürte, daß Christian ganz in Gedanken verloren war. Er schien ihn völlig vergessen zu haben.

„Er denkt, Ulrich wäre ich", sagte Christian. „Er hat mich überhaupt nicht bemerkt."

„Und deine Mutter?" fragte Martin weiterhin verwirrt.

„Hatte für Ulrich und die Mutter Geschenke dabei", fuhr Christian fort, „dann klappte der Kofferdeckel zu. Für mich war da nichts. An mich hat er nicht gedacht."

„Wie sieht er denn aus?" fragte Martin, der nichts auf das vorher Gesagte zu antworten wußte.

„Düster."

Martin, der dem Freund auf dem Sofa gegenübersaß, blickte

in ein verzagtes, kleines Gesicht. Bedrückt wandte er seine Augen ab und ließ sie langsam am Holz der oberen Sofakante entlang, zu dem Bild im Mahagonirahmen gleiten.

Es war eine Schwarzweißfotografie, auf der er mit seinem Vater abgebildet war. Das Gesicht des Vaters war offen, hell und fröhlich. Er trug seine Uniform. Die schiefsitzende Soldatenmütze gab ihm etwas Verwegenes. Auf dem Arm hielt er ihn, einen damals etwa vierjährigen Jungen, der sehr ernst aussah, mit sorgfältig gekämmtem und gescheiteltem Haar. Er trug einen Matrosenanzug. Christian hatte seinen Kopf halb zur Wand gedreht und betrachtete ebenfalls die Fotografie.

Auch bei Christian hing im Wohnzimmer über dem Sofa eine Fotografie vom lachenden Soldatenvater mit seinem Sohn im Matrosenanzug.

„Düster", wiederholte Christian. „Glaube nicht, daß der noch so lachen kann."

'Ich muß nach Hause', dachte Christian.

Nie zuvor war das eine bedrückende Vorstellung für ihn gewesen. Immer war er geradezu heimwärts gestürmt, erwartungsvoll, freudig, voller Neuigkeiten und Fragen.

Jetzt aber lauschte er auf das gleichmäßige Rauschen des Regens und verschob den Aufbruch. Er fürchtete sich vor dem Augenblick, wenn zu Hause beim Öffnen der Zimmertür die Gespräche verstummen und alle ihm verständnislos und fragend entgegensehen würden.

Schließlich entschloß er sich, zurückzugehen, sobald die Kirchenglocken läuteten. Wie jeden Tag würde die Großmutter den Tisch für das Mittagessen decken, und er konnte dabei helfen und einfach wie selbstverständlich wieder da sein.

Genauso machte er es. Und keiner fragte. Als er vom Händewaschen kam, lag neben seinem Teller ein Portemonnaie aus ebensolchen Lederflecken wie die, aus denen die Tasche der Mutter angefertigt war.

Er sah von der Geldbörse auf und die Mutter an. Die nickte ihm zu.

„Für dich", sagte sie.

'Für mich? Gar nicht für mich. Die hat zu der Tasche gehört und darinnen gesteckt.'

Bestürzt dachte er daran, daß er sich bedanken mußte.

„Danke."

Er war erstaunt, daß das Wort tatsächlich hörbar aus seinem Mund gelangt war. Er sah auf die Geldbörse und wußte, daß er es niemals glauben oder wissen würde, ob sie wirklich für ihn bestimmt gewesen war.

Am Tisch gingen unterdessen die Gespräche zwischen der Großmutter, der Mutter und dem Vater hin und her, über ihn hinweg. Anders als sonst bezog ihn niemand in das Gespräch mit ein. Immer wieder sagte eine der Frauen „Erzähl doch mal!" zum Vater, der dadurch fast ununterbrochen redete. Er tat es mit einer gehetzten, lauten Stimme, seine Worte mit ausfahrenden Armbewegungen unterstreichend. Manchmal sprang er sogar abrupt von seinem Stuhl auf und lief heftig gestikulierend durch das Zimmer.

Für Christian, der dem Gespräch durch seine eigenen Gedanken nicht wie sonst folgte, kam das Aufspringen immer so überraschend, daß er erschrocken zusammenzuckte.

Ulrich löffelte unterdessen summend seinen Grießbrei. Ab und an sah er mit großen, erstaunten Augen von einem zum anderen.

'Der Vater denkt, ich bin wie er. Ein kleiner Junge. Aber warum behandeln mich die anderen heute auch so?'

Hin und wieder fühlte er einen fahrigen Blick des Vaters auf seinem Gesicht.

'Kommt einfach. Ist da. Überall. Gestern gab es nur ein Foto und Mutters Erinnerungen. Das war viel besser.'

Wut und Trotz begannen, sich gegen seine Niedergeschlagenheit zu stellen.

Als er aufblickte, sah er direkt in ein strenges, braunes Auge mit entzündeten, roten Rändern und in ein von eitrigen Absonderungen gelbverklebtes Glasauge, daß vorher unter der schwarzen Klappe verborgen war.

'Es bewegt sich, obwohl es aus Glas ist.'

Wider seinen Willen, gleichermaßen von Neugier und Ekel erfaßt, starrte Christian in das blicklose Auge.

Wenn Mutter zur Arbeit ging, …

Die Tür fiel hinter der Mutter ins Schloß. Ihre Schritte entfernten sich eilig.

Es war siebzehn Uhr und dämmerte bereits. Einige Atemzüge lang war es beklemmend still in der Wohnung. Christian spürte die Stille über den Halswirbel zum Hinterkopf hinaufsteigen und sich in Kälte verwandeln, in vereiste Hagelkörner, deren Prikkeln feinen Stichen gleich schließlich unter der Kopfhaut saß.

Eigentlich hatten sie allen Grund zur Freude, daß wenigstens Mutter eine Arbeitsstelle als Platzanweiserin im Kino gefunden hatte. Doch Christian fürchtete diese Abende, an denen sie nun außer Haus war, denn die hinter ihr zuklappende Tür löste bei dem Vater stets eine verzweifelte Wut aus, die ihn so überwältigte, daß er sie an Ulrich und ihm ausließ.

An diesem Tag erhielten sie nach dem Fortgang der Mutter den Auftrag, im Kinderzimmer aufzuräumen. Sie hatten sofort mit Eifer in der schwachen, fast törichten Hoffnung begonnen, daß sie den Vater diesmal zufriedenstellen könnten und dann noch etwas Zeit zum Spielen bliebe.

Von der Straße drang kein Geräusch ins Zimmer. Kein Auto war zu hören. Kein Kindergeschrei. Nicht einmal ein Ball wurde gegen die Hauswand geworfen.

Statt dessen hörten sie die Schritte des Vaters vor dem Kinderzimmer. Vier Schritte vom Kinderzimmer zur Wohnungstür und zurück. Sieben Schritte von dort zum anderen Flurende und zurück. Ein kurzes Verweilen vor der Tür. Dann wieder vier Schritte zur Wohnungstür und zurück. Sieben Schritte zum Flurende und zurück.

'Jetzt reißt er die Tür auf.

Noch nicht.

Stürzt herein und brüllt.

Nein. Aber gleich.'

Christians Herzschlag flatterte den Schritten aufgeregt voraus, stockte beim Halt vor der Tür und erzitterte erneut.

„Er bewacht uns", flüsterte Ulrich.

Christian nickte zwar gedankenverloren, aber in ihm hatte das Hin und Her der Schritte ein ganz anderes Bild hervorgerufen.

In Erinnerung an den letzten Zoobesuch, sah er Löwen und Tiger hinter den Gitterstäben ihrer Käfige unermüdlich auf und ab laufen. Sie hatten gleichermaßen beängstigend und gequält ausgesehen.

'Der Zorn hat damit zu tun, daß die Mutter arbeiten muß, weil er noch immer keine Stelle gefunden hat. Und sie hat eine gefunden.'

„Gleich kommt er", verkündete Ulrich mit sicherer Stimme, die nach Erfahrung klang, und unterbrach damit Christians Gedanken.

Christian hörte wieder gebannt auf das Geräusch der Schritte. Eine Hand schlug auf die Klinke. Die Tür wurde aufgestoßen. Mit zwei Schritten stand der Vater mitten im Zimmer.

„Fertig mit dem Aufräumen?" In der barschen Frage klang schon die erwartete Verneinung mit.

Ulrich und Christian schwiegen.

„Na, was ist?"

„Gleich", antwortete Ulrich.

'Klingt wie ein Krähen, so als habe er etwas Freudiges zu vermelden.'

Christian sah den Bruder in der Erwartung an, ein Lachen auf seinem Gesicht zu sehen.

Ulrich hockte, ohne aufzusehen, am Boden und sortierte gleichmütig Buntstifte in eine Federtasche.

„Einen Augenblick noch“, murmelte nun auch Christian.

„Aber ein bißchen hoppla, wenn ich bitten darf“, befahl der Vater, wandte sich um und ließ die Tür krachend ins Schloß fallen.

Christian ordnete weiter seine Hefte und Bücher, spitzte Bleistifte an, leerte den Locher und stellte ihn neben den Hefter auf den Schreibtisch. Alles hatte, seit der Vater ihn kontrollierte, ausgerichtet auf seinem festen Platz zu stehen.

'Trotzdem wird es nicht ordentlich genug sein. Es wird wie immer sein. Er wird hereinmarschieren, die Schranktüren wie Flügel auseinanderreißen und unendlich lange in den Schrank starren, kopfschüttelnd und in sein dumpfes, beängstigendes Schweigen gehüllt. Dann wird eine weitausholende Bewegung des rechten Armes den Schrankinhalt herausschleudern. Dieses böse Schwingen des Armes wird er so lange wiederholen, bis alles am Boden liegt. Und dann sein Brüllen: «Nochmals das ganze, ich werde euch schon beibringen, was Ordnung ist.» So wird es sein.‘

Die Gedanken verlangsamten sein Tun.

Vor dem Kinderzimmer wieder das Hin und Her. Die Schritte härter und schneller. Kürzer die Unterbrechungen vor der Kinderzimmertür.

Ulrich saß am Boden und blätterte in einem Bilderbuch, als gehe ihn das Aufräumen nichts mehr an. Als er merkte, daß Christian ihn ansah, krähte er mit der gleichen fröhlichen Stimme wie schon zuvor: „Er wirft doch sowieso alles wieder durcheinander“, zuckte die Achseln und blätterte weiter in seinem Bilderbuch.

Als der Vater erneut die Tür aufriß, schreckte Christian zusammen, als habe er bis dahin still und ahnungslos dagesessen.

'Warum erschrecke ich immer wieder, obwohl ich doch weiß, was geschehen wird?'

Die Hände waren kalt. Der Rücken feucht. Die Kehle eng und trocken.

'Warum nur diese elende Angst?'

Er sah auf die schwingenden Armbewegungen des Vaters, hörte den Lärm der herabfallenden Bücher, Stifte, Dosen. Kurz darauf bedeckte ein wildes Durcheinander das geometrische Muster des Linoleums. Der Vater brüllte seinen Satz von „Noch einmal!“ und „Ordnung beibringen“. Die Tür fiel lärmend hinter ihm zu, und er nahm seinen Gang vor dem Zimmer wieder auf.

„Hab ich ja gesagt.“ Ulrich kniete am Boden und sammelte erneut seine Buntstifte auf; dabei summte er.

'Er summt, und ich zittere.' Erbitterung erfaßte Christian. Und wie schon oft sagte er sich, daß das überhaupt nicht sein Vater sein könne. – 'Ich bin bestimmt auf der Flucht vertauscht worden.'

Die Anspannung ließ nach. Sekundenlang durchströmte ihn wattigwarmer Atem wie vor dem Einschlafen.

'Dann wäre Mutter nicht meine Mutter. Dann hätte ich niemanden mehr. Aber man haßt doch seinen Vater nicht.'

Das Hämmern in den Schläfen begann erneut. Draußen vor der Tür wieder die Schritte. Sie schienen mit genagelten Stiefeln über die Stirn zu laufen.

'Man darf seinen Vater nicht hassen, aber ich hasse ihn. Die Mutter weint oft seinetwegen. Denkt, ich merke es nicht. Warum ist er und nicht Martins Vater zurückgekommen. Der hat es sich so gewünscht. Seine Mutter auch. Jetzt beneiden sie mich. Dankbar soll ich sein, sagen sie. Was wissen die schon! Ich kann ihnen nichts davon erzählen. Sie könnten es nicht glauben.'

Der Vater trat ungeduldig ins Zimmer. Unter seinem rechten Schuh knackte der aufgeklappte Metalldeckel eines Tuschkastens, die Farbschalen sprangen heraus.

„Was habt ihr denn die ganze Zeit gemacht?" Er stand noch immer auf dem zerquetschten Deckel.

Schweigen.

'Ich wünschte, er wäre nicht zurückgekommen. Also wünsche ich mir, er wäre tot. Das ist es.'

„Na, waaas?" schrie der Vater gedehnt. „Redet schon. Was habt ihr gemacht?"

'Was soll ich denn sagen? Aufgeräumt natürlich. Wenn ich es so sage, dann wird er noch wütender.'

Christian fand keine passenden Worte. Seine Stummheit reizte den Vater noch mehr. Er griff ihm ins Genick und schüttelte ihn. Christian war der Bewegung völlig ausgeliefert, so daß er, als der Vater ihn plötzlich losließ, mit dem Kopf gegen die offene Schranktür fiel.

„Heul nur! Das fehlte gerade noch! Ein Junge, der heult!"

Christian weinte nicht. Er bebte vor ohnmächtigem Zorn.

Der Vater stieß gegen einen Wecker, der am Boden lag. Ulrich warf sich nach vorn und ergriff ihn. Er hielt ihn ans Ohr und schüttelte ihn vorsichtig. Es klapperte.

„Kaputt", kreischte er auf und schlug außer sich mit dem Wecker auf den Fußboden. „Du hast ihn kaputt gemacht."

In den Ohren von Christian klang es wie: 'Du hast ihn ermordet.'

„Das kommt von der heillosen Unordnung. Ein Wecker gehört nicht auf den Fußboden."

Ulrich war aufgesprungen und stampfte mit den Füßen.

„Erst auf den Boden werfen und dann rauftreten. Gemein ist das!" Er trappelte heftig schluchzend auf dem Wecker herum. „Gemein, gemein", keuchte er, während es unter seinen Schuhen knirschte.

„Schluß mit dem Lärm!" Die Stimme des Vaters war angeschwollen. „Jetzt ist es aber genug! Ihr Bengels seid ja einer so schlimm wie der andere. Eure Mutter hat euch völlig verzogen. Schwererziehbar seid ihr. In ein Heim gehört ihr!"

Der Vater eilte in die Küche.

Mit dem Heim hatte er schon des öfteren gedroht. Christian erschrak jedesmal. Der Vater kehrte mit zwei Einkaufstaschen zurück.

„Hier", er warf jedem eine Tasche zu, „packt etwas anzuziehen ein! Aber schnell!" Dann lief er wieder hinaus.

Selbst Ulrich war erschrocken. Er bebte noch vom Schluchzen, aber die Tränen waren augenblicklich versiegt.

„Heim. Geht gar nicht. Kann er nicht machen." Er tröstete sich mit Erklärungen, die er leise vor sich hin murmelte. „Die Mutter holt uns sowieso zurück. Gleich morgen. Wird er schon sehen."

Eintöniger Singsang. Wieder eine dünne Tränenspur bis zu den Mundwinkeln. Manchmal ein Schniefen.

Christian hatte unterdessen alles vom Boden in den Schrank gelegt und den zertretenen Tuschkasten und Wecker in den Papierkorb geworfen. Wahllos stopfte er Wäsche, Socken und Pullover in die Tasche.

„Seid ihr endlich fertig?“ Der Vater hatte seinen Mantel angezogen. Er zeigte auf die Ranzen: „Die werden natürlich mitgenommen.“

'Diesmal meint er es also ernst‘, dachte Christian und war verwundert, daß er das feststellte, ohne etwas zu fühlen. Das lange Befürchtete geschah, und er hatte all seine Angst verbraucht.

Draußen war es bereits dunkel. Die Straßenlaternen warfen mageres Licht auf den Weg. Der Vater ging einige Schritte voraus. Er lief weit nach vorn gebeugt, als zöge er sie an einem Strick hinter sich her.

Ulrich schwenkte seine Tasche und pfiff leise, wie es Christian schien, so unbekümmert, als machten sie einen Ausflug.

Vor der Telefonzelle am Bahnhof blieb der Vater stehen und wartete auf sie. Ulrich verstummte.

„Ihr bleibt hier stehen und rührt euch nicht von der Stelle. Ich telefoniere mit dem Heim, ob sie euch heute noch aufnehmen können. Es ist ja schon spät.“

Er ging in das Telefonhäuschen. Ulrich pfiff.

„Was ist denn so lustig?“ wollte Christian wissen.

„Der telefoniert nicht wirklich. Der tut nur so.“

„Was sagst du?“

„Wir kommen nicht ins Heim.“

„Woher willst du das wissen?“

„Ganz einfach“, er grinste breit über das ganze Gesicht, „er hat uns keine Zahnbürsten einpacken lassen.“

'Stimmt. Warum bin ich nicht selbst darauf gekommen. Das Händewaschen, Haarekämmen, Zähneputzen, die wichtigsten Sauberkeitsgebote des Vaters, zu denen er sie pedantisch anhielt. Ins Heim ohne Zahnbürste? Undenkbar.'

Der Vater kam aus der Telefonzelle. „Geht heute nicht mehr, aber freut euch nicht zu früh."

Wieder ging er vor ihnen her. Auf dem Rückweg aber so langsam, daß Christian und Ulrich Mühe hatten, den Abstand nicht zu sehr zu verringern.

„Und daß ihr der Mutter nichts sagt. Die hat genug Sorgen, das fehlt ihr gerade noch." Der Vater sprach über die Schulter hinweg zu ihnen. Seine Stimme klang bedrohlich und drängend.

Natürlich würden sie der Mutter nichts sagen. Taten sie nie. Sie wollten sie nicht beunruhigen.

Der Vater versank in finsteres Schweigen.

Die Weihnachtsüberraschung

„Es riecht nach Schnee", hatte die Großmutter gesagt, den Kopf zurückgelehnt und die Nase in die Luft gehalten. „Wartet's nur ab!"

Und sie hatte recht behalten.

Am Nachmittag des Heiligen Abend, als Christian und Uli wie immer vor der Bescherung nach draußen geschickt wurden, fielen hastig dünne Flocken zur Erde, so als würde eine Wolke auf das feinste zerpflückt. Ein wenig zu feucht noch, bedeckten sie bald Haare und Schultern.

„Nun ist es richtig Weihnachten", stellte Christian mit fröhlicher Stimme fest, und Uli strahlte und fing mit dem Mund Schneeflocken, indem er wie ein Karpfen danach schnappte.

Obwohl gerade erst 16 Uhr, war es bereits dunkel. In einer Stunde sollten sie zur Weihnachtsbescherung zurück sein.

In einigen Fenstern sahen sie schon brennende Kerzen.

„Oh!" staunte Uli, zeigte eifrig zu den Fenstern hin und stampfte vor freudiger Erregung mit den Füßen, „werden wir auch Kerzen haben?"

„Natürlich", sagte Christian und war ganz sicher.

Auch einen bunten Teller mit allerlei Süßigkeiten würde es geben, dafür hatte die Mutter bestimmt gesorgt.

Uli hatte es, da er immer von allen etwas zugesteckt bekam, nicht gemerkt, aber Christian hatte sehr wohl gespürt, daß es vor Weihnachten noch etwas weniger zu essen gegeben hatte als sonst. Aber der Duft, der in der Adventszeit die Wohnung erfüllte, wenn die Mutter mit der Großmutter und Tante Grete in der Küche beim Backen war, entschädigte dafür, denn er ließ alle künftigen Herrlichkeiten erahnen. Manchmal meinte Christian sogar, die Gerüche zu schmecken.

Außerdem würden Äpfel und Birnen dabei liegen, denn die schönsten Früchte aus dem Garten hatte die Mutter dafür aufbewahrt.

Jeden Samstag hatte sie die Leiter vor den Kleiderschrank im Schlafzimmer gestellt und war hinaufgestiegen, um nach dem dort gelagerten Obst zu sehen, das vom Herbst bis zu Weihnachten auf dem Schrank nachreifte: rotbackige, kleine Äpfel und harte Winterbirnen. Langsam war ihr Blick über die Früchte gewandert. Manchmal hatte sie einen Apfel oder eine Birne hochgehoben und genauer betrachtet. Meist sortierte sie zwei oder drei davon aus und schnitt diese am Sonntag zum Nachtisch auf. Alles andere blieb für Weihnachten liegen.

„Werden wir auch einen Weihnachtsbaum haben?“ fragte Uli und zeigte auf eine kleine Fichte, die, mit einem Strick am Fenstergriff befestigt, kopfüber vom obersten Stockwerk eines Mietshauses herabhing.

Der Baum erinnerte Christian an einen Hasen, den er, an den Läufen zusammengebunden, ebenfalls aus einem Fenster hatte hängen sehen, und er fragte sich, woher wohl diesmal der Festtagsbraten kommen sollte. Im letzten Jahr hatte ihnen der alte Baku, bei dem Tante Grete und die Mädchen immer Weihnachten feierten, einen Stallhasen geschenkt.

„Na, sag schon“, drängte Uli, „haben wir nun einen Tannenbaum oder nicht?“

„Ich weiß nicht.“

Aber Weihnachten ohne Weihnachtsbaum konnte er sich ebensowenig vorstellen wie ohne Festtagsbraten.

Beides war in diesem Jahr wirklich sehr fraglich geworden, nachdem der Vater kein Weihnachtsgeld nach Hause gebracht hatte, obwohl es üblich war, daß die Arbeiter eine kleine Summe zum Lohn dazu bekamen.

Die Großmutter hatte es, rot vor Zorn und ohne Christian zu beachten, Tante Grete berichtet: „Der Herr hat das Weihnachtsgeld zurückgewiesen. Stell dir vor!"

„Abgelehnt?" flüsterte Tante Grete gleichsam erschrocken und verwundert.

„Ganz richtig. Du hast richtig verstanden. 'Ich nehme keine Almosen', hat er seinem Chef gesagt. Dabei werden auch zehn Mark gebraucht, selbst wenn man dreißig erwartet."

„Geizkragen", schimpfte Tante Grete.

Doch die Großmutter beachtete den Einwand nicht und fuhr fort: „Wer weiß, wie lange er diesmal seine Stelle behält. Das läßt sich doch kein Chef bieten."

„Unglaublich! Zehn Mark für einen Familienvater mit zwei Kindern."

Die weiteren zornigen Worte von Tante Grete und das Gezeter der Großmutter hatten nur die Lautstärke gemeinsam.

Christian teilte die zehn Mark mehrfach für die zusätzlichen Bedürfnisse zu Weihnachten auf; kürzte Wünsche und Kosten auf das äußerste ohne darauf zu kommen, wie Weihnachtsbaum und Festtagsbraten gekauft werden sollten. Das Rechnen entfachte Wut und Verzweiflung in ihm.

Tante Grete hatte recht, und er verstand den Vater gut. Er kannte das Aufbegehren, wenn man gedemütigt wird, fühlte den gleichen flammenden Zorn und wußte, daß nur Zurückweisung ihn hatte stillen können.

„Nun sag‘ schon."

Christian wurde bewußt, daß Uli schon mehrfach gefragt und an seinem Jackenärmel gezupft hatte.

„Na sag‘ es endlich." Uli schrie wütend mit Tränen in den Augen und riß Christian heftig am Arm.

„Ich weiß es wirklich nicht, aber ich glaube, in diesem Jahr gibt es keinen Weihnachtsbaum."

Uli verstummte erschrocken.

Die Tür des gegenüberliegenden Hauses schloß sich gerade hinter einem Weihnachtsmann, dessen Gesicht durch den langen weißen Bart und eine weite, rote Kapuze verdeckt gewesen war. Über der Schulter hatte er einen schweren Sack und in der Hand eine Rute gehabt.

„Kommt der auch zu uns?"

„Das weiß man vorher nie."

„Ach, der kommt bestimmt nicht", wimmerte Uli. „Der ist böse auf mich. Ich habe Kekse genascht, frech war ich, gezankt habe ich mich...", er plapperte unaufhörlich mit weinerlicher Stimme vor sich hin.

„Du bekommst bestimmt trotzdem etwas", versuchte ihn Christian zu trösten.

„Diesmal nicht", versicherte Uli mit kläglicher Stimme, „ich habe nämlich alle Kekse aufgegessen."

„Alle?!"

„Alle."

„Aber die waren doch versteckt."

„In der Ofenröhre im Elternschlafzimmer", bestätigte Uli stolz und hatte sein Vergehen für einen Augenblick vergessen. Gleich darauf stürzten ihm aber wieder Tränen in die Augen.

„Richtig. Da wird nicht geheizt."

Christian dachte wütend, daß nun tatsächlich keine Kekse auf dem Weihnachtsteller liegen würden, aber noch mehr daran, daß der kleine Bruder statt seiner das Versteck entdeckt hatte. Das kränkte ihn.

„Ich weiß auch etwas, was du nicht weißt", entgegnete er deshalb herausfordernd und bereute es sofort, denn er wußte etwas, was er auf keinen Fall verraten durfte.

„Was denn?" Uli hörte vor Neugierde zu weinen auf.

„Kann ich nicht sagen."

„Weißt also nichts."

„Doch, aber ich sage es nicht."

„Weil du nichts weißt."

„Meinetwegen", seufzte Christian, um Ulis Drängen zu beenden.

„Na sag schon!" Uli hatte noch nicht aufgegeben.

Christian schwieg.

„Na, dann eben nicht."

Sie standen nun vor dem erleuchteten Fenster einer Souterrainwohnung. Auf dem Tisch sah man einen Tannenzweig, Kerzen und Päckchen. Zwei Mädchen kamen in den Raum gelaufen, als habe sie eine Weihnachtsglocke gerufen. Vor dem Gabentisch blieben sie stehen, ein wenig scheu, doch mit leuchtenden, erwartungsvollen Augen.

Christian fühlte sich bei ihrem Anblick ganz elend.

'Alles wird diesmal anders sein', dachte er. 'Der Weihnachtsbaum wird fehlen, die bunten Teller bleiben ohne Kekse, und mich überrascht kein Geschenk, denn ich weiß schon, was ich bekomme.'

Deshalb ist da diese Traurigkeit, die wie ein Kloß im Hals sitzt. Und deshalb fehlt die gleichermaßen freudige und ängstliche Erwartung, die den Spaziergang vor der Bescherung sonst zu etwas Besonderem gemacht hat.

Er erinnerte sich daran, wie die Mutter am ersten Advent gefragt hatte, was sie sich zu Weihnachten wünschten. Uli hatte sich Schlittschuhe, einen Schlitten, eine Eisenbahn und viele Süßigkeiten gewünscht. Mit hochrotem Kopf hatte er, die Hände ineinanderschlagend, die Wünsche immer wieder aufgezählt.

Christian war froh gewesen, daß er dadurch nicht gleich antworten mußte.

Was sollte er sagen. Er wußte doch, daß sie nur wenig Geld hatten und es kaum etwas zu kaufen gab. Er mußte Wünsche nennen, die diese seine Gedanken nicht verrieten, sich also wie richtige Wünsche anhörten, aber eben auch erfüllt werden konnten.

Hefte für die Schule konnte er nennen, denn die Mutter wußte, daß er davon gerne einen kleinen Vorrat hatte. Dazu noch ein Buch. Ein Buch würde sie alt kaufen können, vielleicht von irgendwelchen Nachbarn. „Robinson Crusoe“ – das war ein guter Wunsch. Ein anderes Buch kann es auch sein, galt es vorsichtig zu versichern, denn vielleicht gab es „Robinson“ nicht. Und noch einen Wunsch, damit sie seine Gedanken nicht erriet. Gestrickte Fausthandschuhe und einen passenden Schal. Aufzutrennen gab es immer etwas. – Er hatte die Wünsche genannt.

„Hast du denn gar keinen besonderen Wunsch?“ hatte ihn die Mutter gefragt. 'Schlittschuhe‘, hatte er gedacht, aber er hatte den Kopf geschüttelt. Doch eines wußte er, irgendeine Überraschung gab es immer. Aber es war besser, wenn die Mutter diese selbst ausdachte, denn dann konnte sie sich nach dem richten, was sie bekam und was sie bezahlen konnte.

Er erinnerte sich genau.

Uli hatte die Adventskerze ausgepustet und war ins Kinderzimmer gelaufen. Die Eltern waren noch am Ofen sitzen geblieben, während er das Geschirr in die Küche trug. Um die Wohnzimmertür zu schließen, war er nochmals zurückgegangen.

„Wie wäre es mit einem Kasperletheater?“ hatte er den Vater sagen hören, „dann hätten wir für beide zusammen etwas.“

„Sprich doch leiser“, flüsterte die Mutter, und dann war es völlig still im Zimmer geblieben.

Er fühlte sich ertappt und schlich zur Küche zurück.

Und dann die vier Adventswochen.

Zu seinen Aufgaben gehörte es, regelmäßig die Fusseln vom Wohnzimmerteppich aufzunehmen. Das tat er nun aufmerksamer als je zuvor, denn hier wurden am Abend, wenn Uli und er im Bett lagen, die Weihnachtsvorbereitungen getroffen.

In der ersten Woche fand er Sägespäne unter dem Buffet. Er sah sie nur, da er Zentimeter um Zentimeter den Boden absuchte.

Das Theater wird also gebaut, folgerte er. Als er am Abend im Bett lag, sah er es vor sich: rechteckig, gut einen Meter hoch und einen halben Meter breit, in der oberen Hälfte die ausgesägte Bühnenöffnung.

Dann fand er eine Schraube. 'Bestimmt für die anzuschraubenden Seitenflügel, ohne die die Vorderfront nicht stehen kann‘, dachte er bei sich.

Danach entdeckte er einen kleinen, blauen Farbspritzer auf der Tapete. Nur einen, doch dazu kam, daß das Zimmer von einem intensiven Farbgeruch erfüllt war.

Für ihn stand fest, das Theater wurde lackiert.

Kurz darauf lag ein winziger Stoffstreifen am Teppichrand. Fast hätte er ihn übersehen, denn er war weinrot wie die Grundfarbe des Teppichs zwischen den Löwen- und Pflanzenmotiven. Und er war ebenso samten weich.

Der Vorhang. Jetzt ist das Kasperletheater bald fertig.

„Wie lange du neuerdings brauchst, um die Fusseln aufzulesen", wunderte sich die Mutter. Er verbarg den Stoffrest zwischen den Fingern.

In der Nacht darauf träumte er vom Kasperletheater. Der weinrote, weichfallende Vorhang wurde wild von zwei Löwen herabgerissen, die ihm aus dem Bühnenbild, einem Pflanzenmotiv aus dem Teppich, entgegensprangen. Die Rachen waren beängstigend weit aufgerissen, und das Brüllen weckte ihn aus dem Schlaf. Er war schweißnaß.

Lag es daran, daß das Theater wirklich fertiggestellt war oder daß er den Teppich weniger genau absuchte, in der Folge fand er nichts mehr, was seine Phantasie hätte anregen können. Er begann sogar, an dem Geschenk zu zweifeln, und sagte sich, daß der Vater nur laut gedacht und die Idee vielleicht wieder verworfen habe.

Erst in der letzten Woche war er wieder sicherer geworden.

In der Küche lagen zerschnittene Seidenstrümpfe, verschieden lange, beigebraune Röhren. Aus ebensolchen hatte Tante Grete im Jahr zuvor Puppen für die Cousinen angefertigt.

Am Tag darauf fand er gelbe, braune und rote Wollfäden, die zu keinem Strickzeug gehörten, aber gut für Puppenhaare Verwendung finden konnten. Einmal hatte er sogar ein Stückchen Goldborte unter dem Tisch entdeckt. Sicherlich für das Kleid der Prinzessin.

Über einen Gegenstand hatte er nicht lange nachzudenken gehabt. Oben auf dem Küchenschrank fand er, als er dem Vater den Karton mit dem Weihnachtsschmuck holte – das war einen Tag vor Weihnachten – eine grüngestrichene Wäscheklammer. Das konnte nur ein Krokodilmaul sein.

Angesichts dieser Entdeckung, die einer letzten Bestätigung seiner Ahnungen gleichkam, ergriff ihn nach anfangs spontaner Freude ein unbehagliches Gefühl, das ihn nicht mehr verlassen hatte.

Und während er sich mit Uli auf den Rückweg machte, wußte er, daß es kein Weihnachten wie sonst werden konnte. Außer Braten, Tannenbaum und Keksen würde vor allem die Weihnachtsüberraschung fehlen.

Zu Hause angekommen, klopften sie schon unten vor der Haustür den Schnee von den Jacken, der schließlich doch immer dichter und trockener gefallen war. Im Flur zogen sie die mit Zeitungspapier ausgelegten Gummistiefel und die dicken Wollsocken aus, rieben sich die rotgefrorenen Hände und standen dann mit vom Frost glühenden Wangen vor der verschlossenen Wohnzimmertür.

Dahinter leise Geräusche. Knistern. Schritte. Und da selbst Uli nun ganz still war, hörten sie sogar das Schaben des Streichholzes, mit dem die Kerzen angezündet wurden, und dann die helle Weihnachtsglocke, die sie ins Zimmer rief.

Die Mutter öffnete die Tür. Ein Duftgemisch von Gebäck, Tanne und Bratäpfeln empfing sie.

Wie immer mußten sie im Türrahmen stehen bleiben, um von dort in das Weihnachtszimmer hineinzusehen. Aus dieser Entfernung erschien Christian das Zimmer wie ein Bild, eine glänzende Oblate, wie sie die Cousinen sammelten.

Zwischen den beiden Fenstern auf einem Hocker stand der Weihnachtsbaum, mit bunten Kugeln und Silberlametta behangen. Die Flammen der weißen Kerzen flackerten ein wenig und ließen kleine Schatten tanzen.

Es gab ihn also doch.

Erst als die erste Überraschung wich, sah Christian das Besondere dieses Weihnachtsbaumes. Der Vater hatte einen Besenstiel in den Christbaumständer gesteckt, rundum Löcher gebohrt und Tannenzweige hineingesteckt. Es war der schönste Baum, den sie je gehabt hatten, darin waren sich später alle einig. Kein Baum hätte so regelmäßig gewachsen sein können.

Christian dachte besorgt daran, daß er beim Anblick des Geschenks freudige Überraschung zeigen mußte, ohne sich zu verraten. Unsicher blickte er zur Mutter hin. Da sah er, daß sie eine neue, weinrote Weste aus Samt trug, die mit Goldborte eingefaßt war.

Also keine Prinzessin – kein Kasperletheater.

Die vielfältigsten Empfindungen durchfluteten ihn. Erleichterung wechselte mit Enttäuschung. Dann aber breitete sich in ihm die schmerzhaft vermißte Erwartung aus, die so unbedingt zum Weihnachtsfest gehört.

Noch immer wagte er nicht, unter den Weihnachtsbaum nach den Geschenken zu sehen, die stets seitlich neben der Krippe aufgebaut standen. Er sah die ganze Zeit, während sie die Weihnachtslieder sangen, nur auf den Baum.

Ulis Stimme wurde immer forscher, seine war hauchig, die des Vaters kräftig, Mutters sehr hoch und die der Großmutter dünn und zittrig.

Die Lieder sollten so bald kein Ende nehmen, wünschte sich Christian und genoß es, all die Ungewißheit und Erwartung nachzuholen, die ihm in der Adventszeit, verstrickt in neugierige Entdeckungen, entgangen war.

Nach dem Gesang stellte sich Uli vor den Weihnachtsbaum und sagte sein Gedicht auf. Er sprach hastig, um es schnell hinter sich zu bringen.

Christian wußte, daß danach von ihm ebenfalls ein Gedicht erwartet wurde und die Eltern und die Großmutter sicher erstaunt wären, wenn er nicht vorher aus der Ferne schon einen suchenden Blick auf die Geschenke werfen würde. Nun schon an das dämmrige Licht gewöhnt, sah er zu dem gewohnten Platz unter dem Tannenbaum. Aber dort lagen keine Geschenke. Auch auf Ulis Seite waren keine aufgebaut. Neben der Krippe standen aber wie in jedem Jahr zwei Weihnachtsteller mit Äpfeln, Birnen und Gebäck. Es hatte also mehrere Verstecke gegeben.

Auf der Rückseite des Baumes schließlich fanden seine Augen das Geschenk und erkannten es sofort. Es war das blaulakkierte Kasperletheater mit weinrotem Samtvorhang. Auf dem oberen Rand saßen auf jeder Seite zwei Puppen. Der rothaarige Kasper und die Grete mit dickem gelben Wollhaar auf der einen und das Krokodil mit dem grünen Maul und die Prinzessin mit einem Gürtel und einer Krone aus Goldband auf der anderen.

Das Kasperletheater entsprach so sehr seiner Vorstellung, daß er beim Vortrag seines Gedichtes, an das er sich Wort um Wort mühsam zwischen Überraschung und Freude erinnern mußte, gleichzeitig sorgfältig mit den Augen den Teppich absuchte, um festzustellen, ob womöglich ein Pflanzenmotiv für das Bühnenbild herausgeschnitten worden war.

Karfreitag – oder: Gott ist nicht da

Es war Karfreitag.

„Gerade der richtige Tag für einen Frühjahrsputz", sagte die Mutter, die auf einem Hocker stand und sich hoch hinaufreckte, um auch das oberste Brett des Bücherregals reinigen zu können.

„Wenn schon Großputz, dann aber gründlich."

Sie rückte den Hocker weiter zum Schreibschrank und dann zur Vitrine mit dem Geschirr. Auch die Bilderrahmen wurden nicht vergessen, ein großes Ölgemälde, das eine Landschaft zeigte, und viele Fotos hinter Glas.

Zuletzt nahm sie den einzigen Wandteller vorsichtig von seinem Haken. Christian hielt den Arm ausgestreckt, um ihn abzunehmnen, aber die Mutter preßte ihn fest an sich.

„Mach ich lieber selbst", sagte sie und stieg langsam und ungeschickt vom Hocker. Ohne weiter auf Christian zu achten, ging sie in die Küche und legte ihn behutsam in eine mit warmem Wasser gefüllte Schüssel. Sie nahm einen Schwamm und wusch den Teller mit leichten, kreisenden Bewegungen, als wäre er besonders zerbrechlich. Gerade dies traf aber keineswegs zu, denn er war aus erstaunlich robustem, dicken Porzellan, wenn auch mit zarter, kunstvoller Bemalung.

Christian hielt das Trockentuch bereit.

„Naß kann er einem leicht wegrutschen", sagte sie, nahm Christian das Handtuch ab und fügte zur Erklärung hinzu: „Es ist ein Andenken."

„An wen?"

„An eine Familie, bei der ich während der großen Arbeitslosigkeit in den dreißiger Jahren geputzt habe. Sie wohnten schräg gegenüber in dem großen Würfelbau, wo jetzt die Rechtsanwaltspraxis ist."

Beim Sprechen waren sie in das Wohnzimmer zurückgegangen, und die Mutter hatte den Teller wieder aufgehängt. Die Kordel mußte etwas nachgezogen werden, damit der in der Tellermitte gemalte Rosenstrauß gerade hing.

„War die Familie sehr reich?"

„Wohlhabend, wie Ärzte es meist sind."

„Waren sie wenigstens nett zu dir?"

Christian empfand das Putzen für andere Leute demütigend und hätte die Mutter am liebsten rückwirkend davor bewahrt.

„Die jungen Leute ja. Sie waren freundlich und großzügig. Aber die alte Dame, seine Mutter, war herrisch und launisch und hat immer hinter mir her kontrolliert. Ach Gott, die alte Dame." Die Mutter seufzte gedankenvoll und setzte nach einer Weile hinzu: „Und zwei Jungen von vier und sechs Jahren hatten sie. Zwei lebhafte Kerlchen."

„Und den Wandteller", erinnerte Christian, „von wem hast du den bekommen?"

„Den hat mir die junge Frau zum Abschied geschenkt."

Bedächtig wischte die Mutter nochmals mit dem Trockentuch über den Teller.

„Sie wollten auswandern und warteten auf ihre Papiere. Die junge Frau ließ mich wertvolle Vasen, Gläser und Leuchter auf den langen Eßzimmertisch stellen und legte allerlei kleine, hübsche Gegenstände und Bücher dazu. Jeder der kam, um sich zu verabschieden, durfte sich etwas zur Erinnerung mitnehmen. Sie forderte auch mich auf, etwas auszusuchen, doch ich mochte nichts von den aufgestellten Dingen, sondern eben diesen Teller, der noch neben einigen Spiegeln und Bildern an der Wand hing. Ich zögerte, unsicher, ob ich meinen Wunsch wohl nennen durfte.

Die junge Frau fragte nach, warum ich mir denn nichts aussuchen würde, und in der Annahme, ich sei durch den Wert der Sachen eingeschüchtert, redete sie mir freundlich zu, so daß ich mich schließlich ermutigt fühlte und um den Wandteller bat.

Ihre Reaktion erschreckte mich. „Aber nein, doch das nicht!" rief sie spontan. „Das kommt gar nicht in Frage."

Ich muß sie geradezu entsetzt angesehen haben, denn sie beruhigte sich sofort und erklärte mir, daß sie es nicht zulassen könne, daß ich mir etwas gänzlich Wertloses aussuchte. Ich sollte etwas Besseres haben. Sie meinte es gut mit mir, aber ich blieb bei meinem Wunsch."

„Und warum?"

„Das fragte sie mich auch. Aber ich schwieg, denn ich fürchtete, sie könnte meinen Grund albern, lächerlich oder gar beleidigend finden."

Die Mutter brach ab, und Christian dachte schon, sie wollte ihm gegenüber ebenfalls den Grund nicht nennen, doch sie fuhr fort: „Doch zum einen hatte mir dieser heitere, sommerliche Teller mit den Rosen immer gefallen, und darüber hinaus war es wegen der Erinnerung. Die Familie hieß Rosenfeld."

„Verstehe." Christian lachte. „Und wohin sind sie ausgewandert?"

„Die Gestapo war schneller als ihre Papiere. Sie kam am gleichen Abend. Ein Lastwagen stoppte hart. Ich war ans Fenster gelaufen, stand in unserem dunklen Wohnzimmer, dem Haus fast gegenüber. Ich hörte die Schläge gegen die Tür, Rufe.

Sie drangen zu mehreren in das Haus ein. Kurz darauf sah ich geduckte Gestalten mit Koffern. Die Kinder klammerten sich an die freie Hand der Eltern. Alle mußten auf die Laderampe steigen. Die alte Dame kam als letzte hocherhobenen Hauptes aus dem Haus. Die Männer halfen ihr nicht herauf. Von oben zogen die Angehörigen. Von unten wurde sie rücksichtlos heraufgestoßen. Sie schwieg. Keines ihrer zurechtweisenden Worte kam über ihre Lippen. Das hat mich am stärksten berührt."

„Wo fuhren sie mit ihnen hin?"

„In ein Arbeitslager."

„Aber sie wollten doch auswandern."

„Sie waren Juden."

„Was sollten die Kinder im Arbeitslager?"

„Das war eben so", sagte die Mutter einen Moment ungehalten, verärgert über seine Hartnäckigkeit und hilflos ob seiner Fragen. Dann sah sie ihn mit ungewöhnlich geweiteten Augen an, blicklos, durch ihn hindurch.

„Das ist es", murmelte sie, „wir haben nicht gefragt. Wir haben immer getan, was man von uns verlangte."

Die Mutter berührte den Wandteller noch einmal, als müßte sie ihn ausrichten und sagte: „Sie sind alle tot. Sie waren nach Auschwitz gebracht worden."

Sie hatte sich abgewandt und wischte mit dem Ärmel über die Augen.

„Weißt du, was das heißt?"

Christian war die Kehle eng. Er brachte ein dünnes „Ja" heraus, obwohl in seinem Kopf nur diffuse Vorstellungen von Geschehnissen waren, deren flüsternde Weitergabe Grauen ausgelöst hatte und unglaubhaft blieb, bis er begriff, daß sie tatsächlich millionenfachen Tod bedeutet hatten. Nie hatte jemand Genaueres gesagt oder etwas erklärt, und er getraute sich auch jetzt nicht, die Mutter danach zu fragen.

Er blickte auf den schlichten Wandteller und wurde sich seiner Bedeutung bewußt: Das Rosenmuster stand für eine Inschrift auf einem Grabstein.

Das schrille Pfeifen des Wasserhahns schreckte Christian aus seinen Gedanken auf. Mit kräftigem Strahl platterte Wasser in den Eimer, den die Großmutter danach ächzend in den Flur schleppte. Beim Abstellen ließ sie vor Anstrengung den Holzgriff so plötzlich los, daß er laut gegen die Emaille klirrte. Sie machte sich daran, das Flurfenster zu putzen.

„Am Karfreitag regnet es immer", rief sie kategorisch, mit Blick zum grauverhangenen Himmel. Ungeachtet dessen rieb sie das Flurfenster mit Zeitungspapier trocken und blank.

Der Vater stand währenddessen im Schlafzimmer auf der Leiter und brachte, finster blickend und bisweilen laut fluchend, die fadenscheinigen Gardinen, die nur noch die Stärke zusammenhielt, an.

Als die Glocken der nahen Kirche zu läuten begannen, zog Christian seine Jacke über und steckte den Katechismus unter den Arm, um zur letzten Unterweisung zu gehen. Sofern er heute die Prüfung bestand, würde er am Sonntag nach Ostern zur Erstkommunion gehen.

Auf dem Weg zur Salvatorkirche begegneten ihm nur einige Männer, die offenbar vom Frühschoppen kamen, den sie nach dem evangelischen Gottesdienst gehabt hatten. Sie trugen ihre guten Anzüge, wie zu allen Festtagen, durchweg dunkle mit scharfer, über Nacht unter der Matratze erlegener Bügelfalte.

Und statt eines Duftes nach Rasierwasser umgab sie der beißende Geruch von Salmiak, der, mit einer halben Tasse schwarzem Kaffee vermischt, zur Auffrischung der Sonntagsgarderobe gedient hatte.

Sie waren auf dem Weg zu ihren Wohnungen, deren geschlossene, schwarzglänzende Fenster, die wegen des Feiertages schon vor dem Karfreitag gereinigt worden waren, stille Feierlichkeit ausstrahlten.

Die wenigen Wohnungen der Katholiken dagegen waren leicht auszumachen: geöffnete Fenster, Radiomusik und trocknende Wäsche auf den Balkonen, die provokant im Wind flatterte. Frauen mit Kopftüchern und ausgeblichenen, geblümten Wickelschürzen fegten vor den Haustüren. Aus den Erdgeschoßwohnungen roch es nach Essig und Bohnerwachs.

'Frühjahrsputz als Waffe im Religionskrieg', ging es Christian durch den Kopf, und die Vorstellung eines Kampfes mit nassen Tüchern, Scheuerbürsten und Schrubbern malte ein buntes, derblustiges Bild.

Er betrat die Kirche und langte mit der rechten Hand wie gewohnt in das Weihwasserbecken. Die Fingerspitzen angefeuchtet und im Begriff sich niederkniend zu bekreuzigen, blickte er in das Kirchenschiff. Es schien ihm fremd und kälter als sonst, war ohne den süßlichen Geruch des Weihrauchs und ohne Blumenschmuck. Die Bilder waren mit violetten Tüchern verhängt, der goldene Tabernakel auf dem Altar stand offen, war leer – Jesus war tot.

Er ging in den Gemeindesaal hinüber, wo die Prüfung stattfinden sollte. Es waren erst wenige Jungen und Mädchen da. Holzstühle bildeten einen Halbkreis, in dessen Mitte ein mächtiger Sessel mit hoher Rückenlehne stand, unschwer als Platz des Pfarrers zu erkennen.

Einer der Jungen suchte auf einem Klavier die Töne des Flohwalzers aneinanderzureihen. Es klang falsch und abgehackt.

'Wo sieht mich der Pfarrer am wenigsten?' überlegte Christian.

Seit er sich von ihm als Kohlenklau erkannt glaubte, fühlte er sich in seiner Nähe unbehaglich.

'Natürlich kommen die Stühle dem Sessel gegenüber nicht in Frage. Die Plätze gleich links und rechts von ihm ebensowenig. Da sieht er mich nicht, aber ich fühle ihn.'

„Was machst du denn so lange“, kam ein fragender Ruf aus der äußersten Ecke des Raumes, wo zwei Jungen „Stadt-Land“ spielten.

Die jeweils vierten Plätze seitlich sind in jeder Hinsicht weit genug entfernt, entschied er schließlich und warf seine Jacke entschlossen auf den vierten Stuhl rechts vom Sessel des Pfarrers.

Er spielte mit den anderen und merkte an dem sich steigernden Raunen, Rufen, Lachen und Stühlescharren, daß sich hinter seinem Rücken der Raum füllte. Plötzlich klangen die Geräusche gedämpft wie unter einer Glasglocke und verebbten schnell ganz, als wäre die Luft zum Atmen ausgegangen.

Wie die anderen war Christian zu seinem Platz gelaufen. Aufrecht und stumm standen sie vor den Stühlen.

„Setzen!“ befahl der Pfarrer.

Noch einmal Bewegung, Räuspern, Flüstern, dann saßen alle still und sahen den Pfarrer aufmerksam an.

Der war vor seinem Sessel stehen geblieben; würdevoll in der schwarzen Soutane, die Hände vor dem prallen Leib gefaltet.

„Ihr wißt, daß ich heute alle Themen des bisherigen Kommunionsunterrichts abfrage. Wer befriedigende Antworten geben kann, geht am nächsten Samstag zur Beichte und am Sonntag zur Erstkommunion."

Banges Schweigen.

„Wer immer aufgepaßt hat, hat nichts zu befürchten", sagte der Pfarrer mit lauter, strenger Stimme, die keineswegs beruhigte.

Er erfaßte alle mit einem scharfen Blick, wobei er den nackten Kopf, der orangefarben wie Chester glänzte, nur unmerklich bewegte. Der Gesichtsausdruck glich dem herbparfürmierten Geschmack dieser Käsesorte, die die Kinder aus den Carepaketen kannten und nur durch Hunger und Gewöhnung mochten.

„Dem Uhrzeiger nach. Ich fange bei Klaus an."

'Also gehöre ich zu den letzten. Das heißt lange auf die Folter gespannt sein.'

„Glaubensbekenntnis."

Klaus hastete den Text herunter, als könnte er es nur in einem Schwung schaffen.

„Gut. Setzen! Inge: die Gebote eins bis fünf."

Inge sagte die Gebote zögerlich her. Immer wenn sie zu stokken drohte, schnippte sie aufgeregt mit den Fingern. Der Pfarrer runzelte die Stirn, die sich den kahlen Schädel hinaufschob.

„Falte die Hände."

Inge verhaspelte sich endgültig.

Der Pfarrer winkte unwillig ab. „Na, ja. Günter macht weiter."

Inge setzte sich erleichtert auf die zuckenden Finger.

Es ging schnell voran. Schon waren zwölf geprüft. Christian wurde unruhig. Nicht nur weil er nun bald selbst an der Reihe war, vielmehr ging ihm schon einige Zeit durch den Kopf, welche Fragen überhaupt noch blieben. Bisher hätte er alle beantworten können.

Jetzt wurde nach den Todsünden und ihren Folgen gefragt. Er hörte nicht auf das, was gesagt wurde. Er war starr vor Anspannung, denn nur Renate war noch vor ihm.

„Heute ist Karfreitag. Worauf bezieht sich der Text: Und dreimal krähte der Hahn."

'Leichte Frage. Mädchenfrage!'

„... und Petrus verleugnete ihn", hörte Christian gerade das Ende der Antwort, wobei Renate das Wort *verleugnen* sehr langsam und betont sprach, als würde sie sich bemühen, ein unverständliches Fremdwort richtig auszusprechen.

„Und was heißt das?"

Renate blieb stumm, lächelte einfältig und schlenkerte verlegen mit den Beinen.

„Laß das Herumzappeln. Steh auf und antworte."

Renate sprang von ihrem Stuhl, der krachend gegen die Wand stieß. Da sie sehr klein war und ihre Beine beim Sitzen über dem Boden hingen, war es ein richtiger Absprung gewesen.

Kichern hinter vorgehaltener Hand. Zuckende Schultern.

„Na ja", der Pfarrer schnaufte verächtlich und wandte sich Christian zu.

Um ihm ins Gesicht zu sehen, mußte Christian den Kopf in den Nacken legen. Doch selbst dann konnte er die Augen nicht erkennen, die er kalt und prüfend auf sich ruhen fühlte. Zwischen dem Goldrand und dem dicken Glas der Brille gab es keinen Punkt, an dem er sich hätte orientieren können. Das Deckenlicht blendete.

'Er mag mich so wenig wie ich ihn', dachte Christian.

„Ein Beispiel, wodurch man Jesus heute verleugnet. – Dieter!"

Der Pfarrer stand unverändert vor Christian.

„Na, nun zeig doch mal, was du außer über Renate zu kichern noch kannst."

Dieter, auf keine Frage gefaßt, war zusammengefahren und wußte nicht, wovon die Rede war. Sein Nachbar zischelte ihm eine Antwort zu. Er tastete sich an jedem vorgesagten Wort voran. Seine großen, dünnhäutigen Ohren leuchteten wie Lampenschirme.

„Wer hat Jesus ans Kreuz geschlagen?" Die Frage galt nun Christian.

„Die römischen Soldaten."

„Und weiter?"

'Was will er hören? Es waren doch die Römer.'

„Wer hat Jesus getötet?" Die Stimme des Pfarrers klang ungeduldig.

Christian wurde unsicher.

„Pilatus gab ihn zur Kreuzigung frei."

„Hielt er ihn für schuldig?"

„Nein."

„Was schrien die Juden, als Pilatus anbot, Jesus wegen des Passafestes freizulassen?"

„Kreuzige ihn."

„Wer hat also unseren Heiland ermordet?"

„Die Juden."

„Richtig. Warum nicht gleich so." Der Pfarrer nickte zufrieden. „Aber sie riefen noch mehr. Sie riefen: Sein Blut komme über uns und unsere Kinder!"

Bevor er weitersprach, räusperte er sich und sah bedeutsam in die Runde.

„Damit haben die Juden ihr Schicksal selbst heraufbeschworen, all das Schreckliche, das ihnen im Verlauf von nun fast zwei Jahrtausenden geschehen ist."

In Christians Kopf plärrte es: Rosenbergs sind selber schuld. Rosenbergs sind selber schuld; dreimal, viermal. Ein hämisches Grölen, einem Spottvers gleich.

„Was ist?"

Christian erschrak über die Ansprache. Unbeabsichtigt hatte ein Kopfschütteln seine innere Bewegung deutlich gemacht.

„Ist etwas unklar?"

„Ich habe noch eine Frage. Ich denke, daß Jesus..."

„Wir sind hier nicht in der Schule", unterbrach ihn der Pfarrer ärgerlich und fuhr an alle gewandt fort, „wir sind hier in der Kirche. Hier geht es um Glauben, nicht um Denken. Was sind die kleinlichen menschlichen Gedanken gegen die Gnade des Glaubens."

Beim letzten Satz hatte sich sein Gesichtsausdruck verändert. Seine Stimme klang sanft. Er lächelte gütig in die Runde.

Es war still wie in der Kirche, wenn die Meßdiener mit ihren hellen Glöckchen die heilige Wandlung angekündigen.

„Noch jemand eine Frage?"

Die Stille rauschte in den Ohren.

Ein zorniges Aufbegehren erfaßte Christian, eine Erregung, deren notwendige Unterdrückung eine schmerzhafte Spannung in ihm auslöste.

'Wenn ich jetzt noch etwas frage, läßt er mich nicht zur Erstkommunion gehen. Ich würde alle enttäuschen:

Tante Grete, die Großvaters Joppe gewendet und paßgerecht genäht hat. Die Mutter, die die Zutaten für die Kuchen mühsam ersparen mußte. Auch die Großmutter, die ein weißes Hemd für mich gekauft hat. Sie würde mich strafend mit ihren perlmutternen Augen ansehen, stumm und stolz, um nicht zu zeigen, daß sie sich vor den Verwandten schämt. Selbst den Vater, der alte Schuhe schwarz gefärbt hat, daß sie wie neu glänzen. Und mein Kaninchen «Hannibal» würde umsonst als Festbraten geschlachtet.'

Seine Rechtfertigungen hatten sich ebenso vielfältig wie freudlos aneinandergefügt, begannen nun aber, begierig von seinem Innern Besitz zu ergreifen. Laue Erleichterung stellte sich ein.

„Also keine Fragen mehr?"

Niemand meldete sich.

Zum Abschluß gingen alle gemeinsam zum Kreuzweg in die Kirche. Der Pfarrer deutete mit einem Zeichen auf den am Karfreitag leeren Tabernakel: Kein Niederknien, kein Kreuzzeichen ist nötig. Gott ist nicht da. Gott ist tot.

Neues Geld – neue Hoffnung

„Sahnebaiser.“ Tante Grete hauchte das Wort in die Kaffeerunde und ließ es, begleitet von blaßblauen Augen, hoch über die Köpfe schweben. Auf ihrem Kuchenteller lag eine gezuckerte Margarineschnitte.

'Sahnebaiser.' Christian sah Tante Grete solange an, bis er ihr entrücktes Lächeln in seinen fragenden Blick geholt hatte.

„Wie frostiger Schnee unter den Füßen, geradeso knirscht dieses Gebäck aus erstarrtem Eiweiß, wenn es sich beim Zubiß in pulverisierte Süße verwandelt.“

Ein kleines, genießerisches Seufzen war während des Sprechens wie ein Gedankenstrich zwischen die Worte gehuscht.

„Vergleiche hast du.“ Unwillen klang an, der Vater war als einziger unverändert ernst geblieben.

Für die Frauen aber war es der willkommene Auftakt zu allerlei Phantastereien, in die sie sich nacheinander verstiegen.

Brot und Milch. Kaffee. Zigaretten. Konfekt. Parfums. Seidenstrümpfe...

Es entwickelte sich eine geradezu verwegene Ausgelassenheit. Blitzende Punkte tanzten in ihren Augen.

Christian freute sich der ungewohnten Heiterkeit.

„Ich will Schokolade“, krähte Uli dazwischen.

„Ich auch. Ich auch.“ Jutta und Renate klatschten in die Hände.

„Schokolade. Schokolade...“ Das Geschrei der drei wurde vom Lärm eines Flugzeuges übertönt, das tief über das Haus hinwegflog. Bei Christian verursachte das Geräusch eine Gänsehaut wie im Krieg.

Der Vater sah bedeutungsvoll zur Decke empor und schrie hämisch gegen den Flugzeuglärm an: „Die fliegen jetzt unablässig für euch, um euch alle Wünsche zu erfüllen."

Bei den letzten Worten war außer dem Klirren der Scheiben nur noch sein Brüllen zu hören. Das Flugzeug hatte sich entfernt. Am Tisch herrschte einen Augenblick betretenes Schweigen.

„Nicht die kleinste Freude kannst du uns lassen", beklagte sich die Mutter.

„Sie haben es im Radio gesagt. Nach der Währungsreform waren die Geschäfte im Westen voll. Es war wie im Scharaffenland." Die Großmutter hatte sich gefaßt und war entschlossen, unbeirrt an diese Möglichkeit zu glauben.

„Das war am Montag. Heute, drei Tage danach, gibt dein Radio keinen Ton mehr von sich. Und es hätte auch nichts zu vermelden, denn Güter kommen ebensowenig nach Berlin wie Strom. Eure Läden bleiben leer und dunkel."

Christian wußte, daß der Vater recht hatte. Er war nach der Schule zum Lautsprecherwagen des RIAS gelaufen, der seit zwei Tagen durch die Straßen fuhr. Er hatte es selbst gehört; gebrüllte bedrohliche Worte, die immer mit einem beruhigend gemeinten, doch notwendigerweise ebenso geschrienen Aber- oder Dennoch-Satz endeten. Und was er nicht verstanden hatte, war den besorgten Äußerungen der Umstehenden zu entnehmen gewesen.

Der lärmende Lautsprecherwagen war weitergefahren, aber ein dunkles Raunen zurückgeblieben. Alle, die neugierig und hoffnungsvoll wie er herbeigelaufen waren, gingen mit schweren Schritten ohne Eile auseinander, als hätte sie die Hast zuvor völlig erschöpft.

Zu Hause hatte Christian nichts davon erzählt, denn er wollte die gerade etwas hoffnungsvollere Stimmung nicht zerstören.

„Und in der Zeitung hat es auch gestanden: Wie im Scharaffenland." Die Großmutter blieb beharrlich bei ihrer endlich gewonnenen Zuversicht und funkelte den Vater herausfordernd an.

Die Mutter unterstützte sie: „Heute haben die im Osten ihre Währungsreform. Also einen Tag vor uns. Vielleicht sind die Russen dann zufrieden, und der Spuk hat ein Ende."

Gewohnheitsgemäß beugte die Großmutter nun aber doch einer Enttäuschung vor: „Außerdem ist es Sommer und lange hell. Kochen können wir nachts, wenn es Strom gibt. Das kennen wir doch."

„Eben." Tante Grete kaute mißmutig ihr Brot. Alles Lichte war aus ihrem Gesicht verschwunden.

„Na, wer will noch Tee. Das letzte Warme bis morgen früh."

Während die Mutter den lauwarmen Rest aus der Thermosflasche verteilte, fuhr sie fort: „Es geht einfach nicht voran. Immer noch Lebensmittelkarten. Zuteilungen, die nicht ausreichen, und auf dem Schwarzen Markt Preise, die nicht zu bezahlen sind."

Ihre Stimme klang gleichmütig. Die Klagen hatten durch ihre Alltäglichkeit den Jammer verloren.

„Schwarzmarktpreise sind heutzutage noch das einzig Komische. Ein Brot 200, eine Zigarette 30 bis 75 und ein Pfund Kaffee 2000 bis 3000 Mark. Da kommen einem doch wirklich die Tränen."

Tante Grete sprach, ohne zu lachen oder zu weinen.

„Aber es gibt doch auch Reiche, die das kaufen können", warf Christian ein.

„Das ist ab morgen vorbei“, sagte die Großmutter. Sie hatte sich erhoben und war dabei, das Geschirr auf das Tablett zu räumen. Ihr Gesicht wirkte ernst und gesammelt. „Jeder bekommt sechzig Mark der neuen Währung. Alle fangen gleich an.“ Wie vorherberechnet, erreichte sie beim letzten Wort mit festen Schritten die Türschwelle und trug das Tablett in die Küche.

'Sie will nichts mehr hören. Wo sie doch sonst so gerne streitet, um recht zu behalten.‘

Der Vater schlug die Zeitung auf. Christian zuckte zusammen und fuhr aus seinen Gedanken auf. Es klang wie ein Peitschenhieb. Im Aschenbecher qualmte eine Kippe einer selbstgedrehten Zigarette. Es roch, als würde Sonne im Brennglas eingefangen und über Gras gehalten.

„Sie ist am Ende ihrer Kräfte. Ohne ihre unerschütterliche, oder besser gesagt, unerbittliche Zuversicht auf das, was der Währungsreform folgt, bräche sie zusammen“, sagte Tante Grete. Sie blieb sitzen, ging ihr nicht nach.

Am nächsten Morgen sprang Christian gleich nach dem Frühstück zur Großmutter hinauf. Er drückte die nur angelehnte Wohnungstür leise auf. Die Großmutter stand, schon fast zum Ausgehen fertig, vor dem Spiegel. Sie betrachtete sich und zog zu beiden Seiten zwischen Daumen und Zeigefinger die Spitzen des Piquékragens zurecht, der makellos weiß das blaue Jackenkleid am Hals umschloß.

„Ist eben ein besonderer Tag“, sagte sie zufrieden mit ihrem Spiegelbild, strich liebevoll über den leichten Stoff und zupfte dann die Falten am Jackenvolant zu spitzen Tüten heraus.

'Das Sonntagskleid am Freitag?‘ wunderte sich Christian und hantierte an der Türklinke, um sich bemerkbar zu machen.

„Kann ich mitgehen?"

Die Großmutter nickte, während sie, zwei Haarnadeln für das Knötchen zwischen den Lippen, das dünne Haar energisch zusammendrehte.

„Nachts, als ich Strom zum Kochen hatte, habe ich Radio gehört. Es bleibt heute beim Geldumtausch."

Im Spiegel trafen sich ihre Blicke. In dem ihren war ein triumphales Aufblitzen und, wenn es Christian auch unglaublich erschien, sie zwinkerte ihm wie einem Verschwörer zu. Dann griff sie nach ihrer Handtasche und steckte Portemonnaie und Einkaufsnetz ein. Ihr Gesichtsausdruck war noch immer ungewohnt heiter, fast verschmitzt.

„Es wird Zeit. Laß uns gehen!"

Obwohl es erst ganz knapp vor acht Uhr war – die verspäteten Schüler, die, anders als Christian, vormittags Unterricht hatten, hasteten an ihnen vorbei -, war schon aus der Ferne eine lange Schlange wartender Menschen zu sehen. Wie sonst auch, aber bisher hatte Christian eine solche nie vor einer Sparkasse gesehen.

Und noch etwas war anders. Alle warteten geduldig wie gewohnt, aber nicht dumpf und wortkarg, sondern führten Gespräche, die sich bisweilen zu hitzigen Debatten entwickelten.

„Was wir wohl von dem neuen Geld kaufen können, frage ich mich."

Achselzucken.

„Mein Bruder hat aus München geschrieben. Es stimmt, was sie im Radio sagen. Eine Zigarette kostet zehn Pfennige."

„Ja, und überall volle Geschäfte. Wo kommt das nur alles plötzlich her?"

Ratloses Kopfschütteln.

„Wer das nur zurückgehalten hat?“

„Geschäftemacher.“

„Jenau. So gehn se mit den kleenen Leuten um.“

„Aber noch sind unsere Geschäfte leer, noch leerer als vor einer Woche.“

„Kommt ja och nischt mehr rin inne Stadt.“

„Der Iwan macht alle Verkehrsstraßen dicht, bis uns die Luft ausjeht. Wat ick euch sage.“

„Kann er doch nicht machen. Wäre ja geradezu unmenschlich.“

„Kanna nich? – Kanna doch!“

„Wie im Krieg meine Lieben. Nur da waren wir es. Nicht zu vergessen, wenn's recht ist!“

Betretene, aber unruhige Stille.

Dann eine grelle Stimme: „Wir haben genug gelitten. Wir wollen vergessen und neu anfangen.“

„Richtig. Muß doch mal ein Ende haben!“

„Jenau.“

Beifälliges Gemurmel.

„Keine Bange. Die Westmächte versorgen Berlin aus der Luft.“ Die Stimme klang laut und optimistisch wie eine Fanfare.

„Ernährung für eineinhalb Millionen Menschen. Wie lange soll das gehen?“ hielt eine harte Stimme dagegen.

„Und im Winter können wir erfrieren.“

„Erfrieren is nich. Bis zun Winta sin wa längst fahungat.“ Zur Bekräftigung seiner Worte spuckt der Alte auf den Boden.

„Sehr beruhigend. Warum machen wir uns also Sorgen?“

„Eben. Nur nicht verrückt machen lassen. Die Straßenbahn fährt wegen Stromausfalls nur noch wenige Stunden am Tage."

Christian wurde durch das Wort Stromausfall an das Verbot, in den Seen zu baden, erinnert. Nun war auch noch der größte und fast einzige Sommerspaß dahin. Der Nachrichtenwagen hatte von Verunreinigung durch Abwässer gesprochen.

„Ist das schlimm?" fuhr der Mann, der von der Straßenbahn gesprochen hatte, fort und beantwortete die Frage gleich selbst: „Nein, denn die brauchen wir doch nicht mehr, wenn aus gleichem Grund die Betriebe schließen."

„So is it. Meine Bude is ab heute zu." Der Mann schnippte mit den Fingern seine Schirmmütze aus dem Gesicht, als müßte er sich allen zeigen, um dem Gesagten Nachdruck zu verleihen.

Sein Vorredner nickte heftig und fuhr sarkastisch fort: „Keine Arbeit. Kein Geld. Was könnten wir also kaufen? Da sind die leeren Geschäfte doch geradezu das beste für uns, damit wir uns nicht vor Verlangen nach ausreichend Brot, Fleisch und Milch, Kaffee und Zigaretten, und was weiß ich alles, die Nasen an den Schaufenstern plattdrücken und am Ende noch durchdrehen."

Beißender Spott, der Christian an den Teufel in Kasperlestücken erinnerte.

„So kann man's och sehn."

„Ja, ja. So hat alles auch sein Gutes", sagte eine alte Frau kichernd und hörte nicht auf, mit dem Kopf zu nicken.

'Nun auch noch des Teufels Großmutter. – Großmutter...' Christian vermied es, sie anzusehen, die die ganze Zeit stumm neben ihm stand und nervös an den Kragenspitzen zupfte.

Wenn wieder eine kleine Gruppe in die Sparkasse eingelassen wurde, kam Bewegung in die Wartenden, aber es ging nur zögerlich voran.

„Wir verpassen doch nischt“, sagte der Mann, der wegen Stromausfalls keine Arbeit mehr hatte.

„Stimmt, aber trotzdem“, sagte ein anderer und zeigte auf den Rücken eines kleinen, dicken Mannes, den Christian vorher nicht gesehen hatte.

Ungeniert drehte sich der Dicke um, als habe er den Finger gespürt, und grinste aus einem bleichen, aufgedunsenem Gesicht grüßend in die Runde. Christian erkannte den Bäckermeister aus der Bahnhofstraße.

Beim nächsten Schwung, der in die Menschenschlange kam, hatte der sich schon so weit vorgedrängt, daß Christian ihn nicht mehr sehen konnte.

Schweigend waren ihm böse Blicke gefolgt. Nur der Mann mit der Schirmmütze hatte undeutlich gemurmelt: „Fühlt sich janz wie'n Könich!“

„Wieso König?“ war es Christian entschlüpft.

„Wer sonst, wenn nicht der Bäcker“, kam eine verständnislose Antwort aus dem Hintergrund, begleitet von weiteren zustimmenden Lauten.

Christian fühlte die Hand der Großmutter auf seiner Schulter. Erstmals, seit sie anstanden, sah er zu ihr auf. Er fürchtete sich vor ihrem zurechtweisenden Blick. Doch ihre Augen waren wie stumpfgeschliffen, ohne Vorwurf, ohne Strenge, ohne Ablehnung – gänzlich ausdruckslos. Die Wärme ihrer Hand aber verband ihn mit ihr. Er spürte heftiges Herzklopfen und eine tiefe Traurigkeit voller wirrer Gedanken, die um ihre Hoffnungen kreisten.

Ein langer, hagerer Mann vor Christian drehte sich plötzlich um und stieß ihn mit seinem Ellenbogen in den Oberarm und damit unsanft aus seinen Gedanken. Christian war wütend auf den Hageren, der sich Platz verschaffte, indem er die Arme in die Hüften stemmte und mit den spitzigen Ellenbogen zu beiden Seiten gefährliche Dreiecke bildete. Der Mann war unruhig, vor allem seit sie sich dem Eingang näherten. Immer wieder drehte er sich um und reckte sich trotz seiner Größe hoch empor, um über die Köpfe hinweg die Straße zu sehen. Offenbar wartete er auf jemanden. An den Gesprächen hatte er sich nicht beteiligt, als ginge ihn das alles nichts an.

Ein blankgeputzter, schwarzer Mercedes kam die Straße herauf, hupte und stoppte gleichzeitig. Das geschah so unerwartet, daß die am Rinnstein Stehenden erschraken, zu schimpfen begannen und zornig die Fäuste ballten. Als aber ein graugekleideter Chauffeur aus dem Wagen sprang, um ihn herumlief, eilfertig die hintere Wagentür öffnete und gleichzeitig die Mütze vom Kopf riß, war die Wut schon vergessen. Vor Staunen waren Augen und Münder kreisrund.

Christian sah zuerst nur die lackglänzenden Schuhe des üppigen Mannes, der schwerfällig aus dem Auto stieg. Ohne von den Umstehenden Notiz zu nehmen, wandte er sich an den Chauffeur: „Sehen Sie Martin?“

„Ja, er winkt, er ist fast am Eingang.“

„Wie ich es mir dachte. Noch zu früh.“

Mißmutig zupfte der Herr an seinen Manschetten und ging dem Eingang zu.

Die Wartenden machten wie selbstverständlich Platz und sagten nichts, als er an dem Hageren, der offenbar für ihn angestanden hatte, vorbei und direkt durch die Tür der Sparkasse schritt.

„Wer war denn das?“ fragte Christian leise, denn alle rundum schienen den eleganten, älteren Herrn zu kennen.

„Das ist der Fabrikant. In seiner Fabrik arbeitet deine Mutter.“

„Und der holt sich hier sechzig neue Mark?“

„Wo sonst? Hab ich doch gesagt. Ganz gerecht geht es zu. Jeder fängt mit der gleichen Summe an.“

„Der Fabrikant. Der Bäcker. Der Landwirt...“, begannen einige der Umstehenden, die das Gespräch mitangehört hatten, spöttisch fortzusetzen.

„Der Bankier. Der Aktionär...“ Immer länger wurde die Aufzählung derer, denen trotz des Krieges Besitz geblieben war.

„Und nicht zu vergessen, die Schwarzhändler.“

„Jeder fängt gleich an. Es geht eben ganz gerecht zu.“ Eine hämische Stimme schwang sich an die Spitze des Getöses.

„Ganz gerecht, ganz gerecht, gerecht, gerecht...“ wurde durcheinander geschrien. Ein höhnisches Lachen entstand, schwoll an, wurde teilweise schrill oder auch boshaft, voller Schadenfreude und Verzweiflung darüber, daß man mit seiner Vorahnung wieder einmal recht behalten hatte. Ein Lachen, das Christian vom Vater gut kannte.

Die Kinder, erlöst aus der Langeweile des Wartens, kreischten und hüpften fröhlich inmitten des Geschreies wie Bälle auf und nieder.

Selbst im Gesicht der Großmutter fand Christian ein Lächeln. Es saß eingekerbt von Bitterkeit in den tiefen Falten der herabhängenden Mundwinkel.

Das Spiel ist aus

„Wie Blüten", rief Christian begeistert und drückte mit dem Rücken die Tür hinter sich zu. Der Zugwind hatte beim Hereinkommen einen Berg bunter Geldscheine vom Tisch gewirbelt. Erschrocken sprang Tante Grete auf und zum offenen Fenster hin, doch das fiel im gleichen Augenblick mit lautem Knall zu. Sie drehte zur Sicherheit den Griff herum und wandte sich dann mit gespieltem Unwillen Christian zu.

„Das fehlte mir gerade noch. Blüten." Das „Ü" sprach sie langgezogen mit gespitzten Lippen. „Wo ich doch ohnehin immer Angst habe, daß man mir bei den vielen verschiedenen Währungen Falschgeld untermogelt."

Während Tante Grete sprach, standen sie sich, jeweils am Ende des Läufers, der vor Großvaters Sofa lag, gegenüber und beobachteten die dahingleitenden Geldscheine. Die abgegriffene, lappige Reichsmark mit Kupon hielt sich nur kurz in der Luft, dann sackte sie ab. Geradezu mit Spannung verfolgten sie den Flug der übrigen Scheine. Als letztes senkte sich, noch unschlüssig in die eine oder andere Richtung taumelnd, ein kleiner Westmarkschein, der den Wert einer halben Mark auswies, auf den Teppich herab.

„Gerade wollte ich Kasse machen." Tante Grete und Christian hockten am Boden und sammelten zuerst das Geld auf, das neben den Läufer gefallen war. Als hätten sie es verabredet, legten sie es nicht auf den Tisch, sondern zu den Scheinen, die auf dem Läufer gelandet waren.

Tante Grete half seit einigen Wochen im Kramladen bei Oma Schulze aus, die den An- und Verkauf alter Bücher, alten Geschirrs und Bestecks und mancherlei Kuriositäten betrieb. Nachdem Oma Schulze ein offenes Bein hatte – Christian grauste es bei der Vorstellung –, war der Laden am Nachmittag von Tante Grete versehen worden. Dann legte Oma Schulze im Hinterzimmer ihr Bein hoch und dirigierte durch Zurufe das Geschehen im Laden, oder Tante Grete lief nach hinten und fragte in Zweifelsfällen nach, vor allem bei Ankäufen.

Aber seit der Krankenhauseinlieferung vor vier Tagen mußte sie den Laden allein führen. Das hatte sie versprochen, denn statt den Laden zu schließen, wäre Oma Schulze lieber im Laden gestorben. Tante Grete war unsicher, ob sie alles zur Zufriedenheit würde regeln können, denn Oma Schulze war eine schlaue Geschäftsfrau. So hatte sie zum Beispiel in den zwei Wochen vor der Währungsreform den Laden offiziell wegen ihrer Krankheit geschlossen. In Wahrheit hatte sie jedoch manches außerhalb der Geschäftszeit erworben. Doch verkaufen wollte sie erstmals in ihrem Leben nichts, als die Leute begannen, mit ihrem alten Geld alles, was sie bekommen konnten, aufzukaufen. „Schließlich brauche ich auch noch nach der Währungsreform Ware", hatte sie gesagt und damit natürlich recht gehabt. Zusammen mit Tante Grete hatte sie sich in der Schließungszeit darangemacht, den Laden aufzuräumen, der das sicher schon zehn Jahre nötig gehabt hätte. Offensichtlich hatte sie sich dabei allerdings übernommen.

Tante Grete hielt also den Laden getreulich geöffnet. Am Abend trug sie die Einnahmen unauffällig in einem Sackleinenbeutel nach Hause, um sie zu zählen, nach Währungen sortiert in ein Heft einzutragen und sicher aufzubewahren.

„Ich habe eine Idee", sagte Christian. „Wir sortieren die Scheine nach Währungen und Beträgen in die verschiedenen Kästchen des Teppichmusters."

Zustimmend lachte Tante Grete ihr lautloses, aufleuchtendes Lachen, das Christian mochte, da es sie so jung wie die Mädchen in der Oberstufe machte.

Sie setzten sich jeder im Schneidersitz an ein Ende des Läufers auf den breiten, mit Streifen versehenen Kelim. Zwischen sich auf rotem Grund das tiefblaue Muster, zwei Reihen mit je sieben Achtecken, von einer Borte eingefaßt, deren viereckige Muster jeweils einen Stern umschlossen.

Mit einigen ausholenden Armbewegungen über den samtenen Teppichflor strich jeder die auf seiner Seite liegenden Scheine zu sich heran. Ein Blick, erst auf die Muster, dann zum anderen hinüber, schon war ein stilles Einverständnis hergestellt, und sie begannen in gleicher Weise zu sortieren. In das dritte Achteck links vor sich legte Christian die Reichs- und Rentenmark mit Kupon, gegenüber rechts die Westmark mit dem gestempelten B. Die Tante sortierte ebenso, aber seitenverkehrt. Danach wurden jeweils innerhalb der Reihen auf den Feldern die Noten, nach ihrem Wert sortiert, aufeinandergelegt.

Sie waren schnell und ernsthaft damit beschäftigt. Wenn sie sich weit vor zum Mittelfeld, dem vierten von jeder Seite, ausstreckten, um dort die wenigen Dollarscheine gemeinsam abzulegen, sah es aus, als würden sie sich auf einem Gebetsteppich sitzend, würdevoll voreinander verbeugen.

Als alles verteilt war, hangelte Tante Grete ein Schulheft vom Tisch hinter sich herunter und trug darin alle Beträge ein, die sie getrennt nach den Währungen zusammenzählten. Dann addierte sie die Summen mit denen des Vortages. Dabei preßte sie die Lippen fest aufeinander, als wäre es sehr anstrengend und erfordere größtmögliche Konzentration.

Christian wartete, bis sie das Heft zugeklappt hatte.

„Ich habe eine tolle Idee“, platzte er heraus.

„Schon wieder?“

Er kramte ungeduldig verschiedene Gegenstände aus seinen Hosentaschen. Ein Taschenmesser, Streichhölzer, drei Münzen, einen Gummiring von einem Einweckglas, dazu einige geknifft-te Papierpfeile und schließlich zwei Würfel.

„Wir spielen Wechselstube.“

Er lächelte Tante Grete verschmitzt an. Er wußte, daß er sie dafür gewinnen konnte. Sie hatte die Arme nach hinten abgestützt und sich abwartend zurückgelehnt. Sie wirkte nun völlig entspannt und bereit, den Feierabend ein wenig zu genießen, zumal Renate und Jutta schon von der Großmutter ins Bett gebracht worden waren.

„Und wie soll das gehen? Nach welchen Spielregeln?“

Christian betrachtete die Geldscheine, schüttelte die Würfel in der Hand, räusperte sich wichtig und sprach dann bedächtig, als verlese er eine Spielregel:

„Jeder der Spieler erhält die gleiche Summe in Reichs- oder Rentenmark mit Kupon, auf Berlinerisch 'Tapetenmark‘, und Westmark mit dem gestempelten B, auf Berlinerisch 'Bärenmark‘ genannt. Die Dollarnoten bleiben vorerst auf dem vierten Feld zwischen den Teilnehmern liegen. Der jeweilige Spieler würfelt zweimal. Beim ersten Mal ergibt die zusammengezählte Summe den Betrag, den er von dem anderen Spieler in guter Bärenmark erhält. Die addierte Summe des zweiten Wurfs zeigt den Kurs an, zu dem dafür Tapetenmark bezahlt werden muß. Wer zuerst nur noch die gute Bärenmark hat, erhält die Dollarnoten als Gewinn dazu.“

Einen Augenblick hielt Christian bei der Erklärung inne. Auf dem Flur waren Schritte zu hören. Die Großmutter würde das Spielen mit Geld nicht gutheißen, das wußte er. Dazu kam noch, daß sie diesen Währungswirrwarr, wie sie es nannte, geradezu haßte. Über die Zehntelwerte von Briefmarken regte sie sich besonders auf, denn sie hatte, als gemunkelt wurde, daß diese ihren Wert behalten würden, viele Bogen gekauft. Die Schritte entfernten sich wieder.

„Kommt während des Spielens jemand von außen dazu“, fuhr er, einem neuen Einfall folgend, fort, „verliert der Spieler, der gerade würfelt, alles an den anderen, auch die Dollarnoten.“

„Ziemlich ungerecht. Nur weil der Spieler zufällig erwischt wird!“

„Man darf sich eben nicht erwischen lassen. Wenn man in Wirklichkeit Dollars hat, kommt man sogar ins Gefängnis.“

„Stimmt, aber manches wird nur gegen Dollars verkauft.“

„Willst du?“ Christian war ungeduldig und hatte schon gewürfelt.

Tante Grete sah auf den Wurf und zählte: „Fünf und drei macht acht. Also bekommst du von mir acht Bärenmark.“

Sie schob das Geld seitlich auf dem Parkett zu Christian herüber, der schon erneut gewürfelt hatte.

„Sechs und drei macht neun. Das ist der Kurs. Ich muß dir also neun mal acht, also..“ rechnete er, vor sich hin murmelnd, „also ich muß dir zweiundsiebzig Tapetenmark dafür geben.“

„Richtig.“

Sie würfelten, rechneten, schoben Scheine hin und her, ohne daß auf dem Teppich große Veränderungen sichtbar wurden.

Vom Flur waren ab und an undefinierbare Geräusche zu hören. Türen wurden geöffnet und geschlossen. Jedesmal hielten sie einen Moment lauschend im Spiel inne.

„Gefällt es dir?“ flüsterte Christian in einem solchen Augenblick.

„Schon, aber es wird ein langes Spiel werden. Und dir?“

„Ganz gut, aber es ist doch viel zu rechnen. Außerdem kommt bestimmt irgendwann die Großmutter. Sie wird sich wundern, wo wir bleiben.“

„Stimmt“, sagte Tante Grete, gerade als die Großmutter tatsächlich nach ihr rief.

„Wir müssen richtig weiterspielen, sonst läßt sich im Ernstfall nicht feststellen, wer mit dem Würfeln dran war und, wenn sie eintritt, alles verliert.“

Wieder das Rufen. Tante Grete war unruhig, verhielt sich aber schweigsam, um kein Spielverderber zu sein. Die Schritte näherten sich der Tür. Die Klinke wurde heftig heruntergedrückt, die Tür geradezu aufgerissen. Die Großmutter starrte verständnislos auf den mit Geldscheinen bedeckten Läufer und die beiden im Schneidersitz.

„Was ist denn hier los?“ rief sie ungehalten, und ihre Augen blitzten Tante Grete an, von der sie eine Erklärung erwartete.

Diese saß jetzt aufrecht mit angezogenen Knien da. Ihr Gesicht verriet eine Anspannung, wie vorher beim Eintrag der Kassenbeträge in das Schulheft.

„Ich habe Kasse gemacht und dann mit Christian das große Einmaleins geübt.“

„Welch ein Unsinn. Was soll denn das dabei?“ Sie zeigte auf das Geld.

Christian starrte auf seinen Wurf. Ein sehr günstiger Kurs wäre es gewesen.

„Und was hast du dazu zu sagen?“ wandte sich die Großmutter übergangslos an ihn.

„Das Spiel ist aus.“ Seine leise Stimme bebte vor Enttäuschung, Unwillen und Vorwurf. Die Großmutter hatte seine zu Recht hoffnungsvollen Erwartungen zunichte gemacht. Durch ihr Kommen hatte er alles an Tante Grete verloren.

Auf den Stoppelfeldern

Es war ein hochsommerlicher Tag. Martin und Christian lagen im Gras am Rande des Stoppelfeldes, kauten träge auf einem Halm herum und sahen in den Himmel. Unter dem hohen Blau zogen eilig bauschige weiße Wolken dahin, deren Form sich beständig veränderte.

„Wie eine riesige Landkarte: Berge, Wälder, Schluchten, Seen. Siehst du das auch?“ wollte Christian wissen.

„Ich sehe Figuren: Riesen, Ungeheuer. Dort, sieh nur, ein Ritter auf einem gallopierenden Pferd!“ Martin zeigte mit seinem Halm nach rechts.

„Kann sein“, gab Christian zögernd zu, „aber bei mir sind es immer Länder, solange ich mich erinnern kann, seit ich in den Himmel träume.“

Sie kauten weiter an ihren Grashalmen. Um sie herum schwirrten Fliegen und Mücken. Im Brombeerbusch hing ein Spinnennetz, durch das sie, wie durch eine Voilegardine, Wespen zwischen Kleeblüten auf und nieder schweben sahen. Es roch nach gedroschenem Korn.

„Einmal lag ich wie jetzt“, unterbrach Christian ihr Schweigen, „als plötzlich ein Flugzeug so tief über die Wiese flog, daß ich mich flach in das Gras drückte. Das war noch im Krieg, aber ich hatte keinen Alarm gehört. Ich habe einen solchen Schreck bekommen, daß ich nicht wußte, ob meine Herzschläge oder die Motoren der Maschine in meinen Ohren dröhnten. – Wenn ich es jetzt erzähle, fühle ich sie wieder, die gleiche Angst. Trotzdem habe ich schon oft daran gezweifelt, ob das Flugzeug wirklich so tief flog, daß es beinahe die

Gräser streifte. Deshalb habe ich es bisher niemandem erzählt."

„Das ist so, als wenn man nicht weiß, ob man etwas erlebt oder nur geträumt hat."

„Ja, aber man möchte schwören, daß man es erlebt hat. Irgendwie traut man sich aber nicht und behält es dann lieber für sich."

Christian hatte sich aufgesetzt und sah über das abgeerntete Weizenfeld. Er sah weder den rotentfalteten Klatschmohn noch die azurblauen Kornblumen am Feldrand. Sein Blick blieb an den kurzen, spitzen Weizenhalmen haften. Er atmete tief ein, hob dabei die Schultern, ließ Atem und Schultern dann plötzlich wieder fallen.

„Nützt nichts. Muß eben sein", sagte er unvermittelt.

„Was denn?" fragte Martin gedankenverloren.

„Laß uns anfangen, damit wir das Ährensammeln schnell hinter uns bringen."

Christian stand auf, streckte sich und versuchte vergebens, einen nackten Fuß schmerzfrei zwischen die geschnittenen Halmreihen zu stellen.

„Ein Nagelbrett kann nicht schlimmer sein", murmelte er verzagt.

„Was ist?" fragte Martin, der bereits im Feld stand und, weit vornübergebeugt, begonnen hatte, Ähren zu sammeln.

„Ich denke gerade an einen Fakir im Zirkus."

Martin sammelte ohne Unterbrechung weiter. Christian zog jedesmal, wenn er einen Schritt weiterging, seine Knie sehr hoch, so als würden die Füße dann leichter aufsetzen und die Spitzen weniger stechend sein. Manchmal sah Christian bewundernd zu Martin hinüber.

'Der geht, als wären seine Fußsohlen aus Leder. Ob ihm das wirklich so wenig ausmacht, oder tut er nur so?'

„Ich muß an Emma denken", sagte Martin, als er ihn fragte. „Ohne Körner keine Eier."

'Stimmt. Und Mutter und Großmutter sagen fast jeden Tag, was nur im Winter werden soll, wenn sie keine Vorräte haben.'

Er schämte sich seiner Empfindlichkeit, wußte aber gleichzeitig, daß er sie nicht verlieren würde.

Ab und an richtete er sich auf, schob die verschwitzten Haarsträhnen aus der Stirn, beschattete die Augen mit der Hand und sah zum nahegelegenen Kartoffelfeld hinüber, wo sie anschließend stoppeln wollten. Am Rande des riesigen Kartoffelackers lagerte eine buntgekleidete Menschengruppe, die sich wie ein rundes Blumenbeet ausnahm.

Auch Martin hatte zu ihnen hingesehen, sich aber gleich wieder über das gelbbraune Feld gebeugt und gemeint: „Da bleibt nicht viel für uns, außerdem läßt der Bauer noch seine Mägde nachstoppeln."

„Trotzdem habe ich beim letzten Mal fast fünf Kilo heimgebracht", stellte Christian trotzig fest, denn er wollte lieber Kartoffeln stoppeln, als weiter Ähren zu sammeln.

Martin ging gebückt weiter. Christian blieb etwas zurück und behielt das Feld im Blick, um zu sehen, wenn der Bauer es zum Nachstoppeln freigeben würde.

'Wenn man dann nicht sofort da ist und in einer Furche hackt, verjagen einen die anderen', rechtfertigte er sich in Gedanken.

„Ich gehe in jedem Fall, sobald die Mägde in der Höhe des Holunderstrauches sind, denn dann sind sie fast am Ende des Feldes", rief er Martin zu.

„Hast du keine Angst, daß der Bauer wieder mit der Peitsche dazwischenschlägt oder den Hund losmacht?“

Christian holte Martin mit wenigen Schritten ein.

„Der brüllt mehr, als er tut, und die Hunde bellen nur vorn die Leute an. Man muß flink einen Bogen schlagen und zum anderen Ende des Feldes laufen.“

Christian hatte versucht, die Antwort gleichgültig klingen zu lassen, indem er besonders monoton und schleppend gesprochen hatte. Er wollte seine Angst vor Martin verbergen, um ihn zum Kartoffelstoppeln zu überreden. Zum einen wollte er von dem spitzigen Weizenfeld fort, und andererseits lag ihm viel daran, auch noch Kartoffeln mit nach Hause zu bringen.

'Die werden staunen, wenn ich die Tasche voll mitbringe. Bewundern werden sie mich. «Nein so etwas», wird die Großmutter sagen und staunend den Kopf schütteln. Die Mutter wird nicken, die Tasche nehmen, als habe sie es nicht anders erwartet und sagen: «Ja, das ist eben mein Großer, wenn wir den nicht hätten!» Genau so wird es sein.‘

Christian lächelte entrückt. Er fühlte sich bei diesen Gedanken froh und leicht werden und rannte, als die Frauen an den Holunderbüschen waren, los. Er lief seitlich am Wagen des Bauern vorbei. Sein Herz schlug bis in den Hals. Der Atem pfiff. Erst am äußersten Rande des Feldes machte er halt, denn er hatte befürchtet, daß die Hunde hinter ihm her sein könnten. Vor Angst hatte er nicht einmal bemerkt, daß kein Bellen zu hören war. Als er sich umwandte, sah er, daß er völlig allein war. Kraftvoll schlug er seine Hacke in die Erde.

'Ich bin ein Schatzsucher.‘ Er schlug schnell und tief in den aufgelockerten Boden. 'Meine Hacke gräbt nach den verschwundenen Schätzen. Wo sind sie? Ich muß sie finden und bergen. Keinem ist es bisher gelungen. Ja, was sehe ich da? Die ersten Spuren. Sie weisen den richtigen Pfad.‘

Winzige Kartoffeln, Murmeln gleich. Christian warf sie in seine Tasche. Nach einiger Zeit stieß er auf eine Wurzel, die noch voller großer Kartoffeln war.

„Ich hab's gewußt“, jubelte er und ließ nicht von der Fundstelle ab, wo er tatsächlich noch einiges ernten konnte.

Vor wildem Eifer hatte er gar nicht wahrgenommen, daß Martin ihm gefolgt war. Er sah ihn erst, als dieser direkt neben ihm Erde aufwühlte und zur Seite schleuderte. Stumm arbeiteten sie nebeneinander, jeder in seiner Furche. Wenn aus der Ferne Hundegebell zu hören war, schien sich Martin noch tiefer herabzubeugen, als er es wegen der kurzen, metallenen Hackenkralle, die keinen Stiel hatte, ohnehin tun mußte.

Die Mittagssonne legte ein unruhiges Flimmern über das Feld. Die Erde war trocken und staubig. Die Augen brannten.

'Bald werden wir auf unser Gegenüber stoßen, dann ist es aus mit der Ernte.‘

Gerade als Christian das dachte, schwang vor seinem an den Boden gehefteten Blick ein bunter Rock.

„Schluß für heute“, sagte er zu Martin. Sie nahmen ihre Taschen auf, die sie am Boden mit sich gezogen hatten, und prüften das Gewicht.

„Sind bestimmt fast zehn Pfund“, meinte Christian, als sie ihre Taschen austauschten, um mit ernsten Gesichtern gegenseitig das Gewicht zu schätzen.

„Bei dir eher noch mehr.“

Sie hoben die Taschen nochmals kurz an und nickten sich bestätigend zu.

Zufrieden machten sie sich auf den Heimweg. Kartoffeln und Ähren, das war mehr als erwartet.

„Guck mal, Kuhfladen!“ staunte Christian, der sich nicht erinnern konnte, wann er letztmals Kühe gesehen hatte.

Fröhlich hüpften sie von Kuhfladen zu Kuhfladen, die trokken, warm und rissig wie Gummi unter ihren nackten Füßen nachgaben.

Nächtliche Schwarzarbeit

„Christian“, rief der Vater mit durchdringender Stimme, und bevor er in der Küche sein konnte: „Beeile dich!“

Die Mutter hatte ihn geweckt, aber er war wieder eingedöst. Erschrocken fuhr er auf, sprang ungelenk und schlaftrunken aus dem Bett, zog seinen Trainingsanzug über den Schlafanzug und eilte in die Küche. Ohne aufzusehen und von seiner Arbeit abzulassen, wies der Vater mit einer Kopfbewegung auf die Tür und sagte, da Christian nicht sofort reagierte, mit barscher Stimme: „Zumachen! Kannst du denn nie daran denken?“

„Aber der Junge...“, hob die Mutter an.

„Ist alt genug, um zu helfen, auch nachts“, setzte der Vater in seinem Sinne fort und wies auf den Stuhl neben sich.

„Sieh genau zu, wie ich es mache. Du wirst ab jetzt helfen, denn wenn wir die Arbeit nicht schaffen, wird man sie uns nicht mehr geben. In den zwei Stunden nachts, in denen wir Strom haben, muß so viel wie nur möglich geschafft werden. Da wird jeder gebraucht.“

Der Vater hatte gesprochen, als wüßte Christian, um was es ging. Der aber stand verwirrt da und versuchte, das Gesagte zu verstehen.

Am Herd stand die Großmutter und hantierte mit mehreren Töpfen. Es dampfte und spritzte, brodelte und zischte. Auch sie nutzte den nächtlichen Strom.

Die anderen, Tante Grete, die Mutter und der Vater, saßen mit Christian am Küchentisch. In der Mitte zwischen ihnen stand eine flache Schale mit kleinen weißen Tabletten.

„Süßstoff“, beantwortete Tante Grete Christians fragenden Blick.

„Daß du niemandem etwas davon erzählst!“ Die Stimme des Vaters klang drohend.

Neben der Schale lagen viele Pappschachteln, die kaum die Größe von Streichholzschachteln hatten. Christian beobachtete, wie der Vater mit der linken Hand eine davon ergriff, während er mit der anderen Hand ein Tablettenröhrchen durch den Inhalt der Schale gleiten ließ, die Schachtel damit füllte, verschloß und in einen Schuhkarton legte, der ebenfalls in der Mitte des Tisches stand.

„Sind immer hundert Stück“, sagte der Vater und schüttelte die eben gefüllte Schachtel. Es war nichts zu hören. Sie war bis zum Rand gefüllt.

„So muß es sein. Wenn die Menge nicht stimmt, beschweren sich die Kunden und wir sind die Arbeit los.“

„Woher weißt du, daß es immer hundert Stück sind?“ wollte Christian wissen.

„Habe ich gezählt. Nicht nur einmal. Die richtigen Tablettenröhrchen zu finden war schwer, aber wir können nicht jede Füllung durchzählen, da würden wir nichts schaffen.“

Der Vater hatte ihm sein Röhrchen überlassen, und er füllte, wie gesehen, ein Päckchen. Damit es tatsächlich voll war, mußte er noch fünf Tabletten dazulegen. Auch beim dritten Versuch glückte es ihm nicht, ohne nachzufüllen. Aus den Augenwinkeln sah er den Vater unwillig die Stirn runzeln.

„Will einfach nicht gehen. Dabei sieht es so leicht aus.“

„Bekommst du mit der Zeit schon heraus. Hat bei uns auch etwas gedauert“, tröstete ihn die Mutter.

„Fertig", sagte die Großmutter mit Genugtuung und stellte zwei Töpfe und zwei Thermosflaschen in die mit Kissen ausgepolsterte Kohlenkiste, um das Essen und Tee und Kaffee für die nächsten Stunden warm zu halten.

Sie stellte für jeden eine Tasse mit dampfendem Tee auf den Tisch, der kräftig nach Kräutern duftete. Es tat gut, die Tasse einen Augenblick zwischen den klammen Händen zu halten. Der Vater zeigte auf den Süßstoff. Jeder nahm eine der weißen Tabletten und rührte langsam, fast andächtig in der Tasse. Die Großmutter hatte auch noch einen Teller mit Schmalzbroten auf den Tisch gestellt; für jeden eine Scheibe.

„Na, wie schmeckt es euch?" wollte sie wissen.

„Das Schmalz kenne ich doch", sagte Tante Grete.

„Stimmt, das Rezept aus dem ersten Nachkriegswinter: ein wenig Öl, Gries, Zwiebeln, Majoran und Salz."

„Eigentlich traurig, auch wenn es schmeckt", meinte Tante Grete, „es geht einfach nicht vorwärts. Immer wieder Hunger und Kälte. Jetzt ist erst November. Wenn ich an den Winter denke, dann bekomme ich Angst. Schließlich können sie nicht den Brennstoff für die ganze Stadt einfliegen."

„Gab es Kartoffeln?" wollte der Vater wissen, der schon wieder Süßstoffpäckchen füllte.

„Weder Kartoffeln noch Brot war zu bekommen. Aber beim Pfarrer sind Carepakete eingetroffen", sagte Tante Grete, „natürlich nur für die Frommen der Gemeinde."

'Chesterkäsegemeinde', ging es Christian durch den Kopf, denn dieser so fremdschmeckende, orangefarbene Käse war immer in den Paketen. Das wußte er von anderen aus dem Kommunionunterricht.

„Für seine lieben Schäfchen sorgt der Hirte. Das ist schon so“, ergänzte der Vater Tante Gretes Bemerkung nicht ohne Verbitterung, „aber wir haben uns noch immer selbst geholfen.“

Alle schwiegen. Christians Gedanken waren, wie die der anderen, beim Inhalt der Carepakete: Schokolade, Milch- und Eipulver und Chesterkäse.

Während er trank, bedeckte warmer, feuchter Dampf sein Gesicht. Mit jedem Schluck Tee ergoß sich wohlige Wärme in den Körper und schmolz den eisigen Kältefilm von der Haut.

„Trockenkartoffeln haben wir noch und Mohrrüben in der Sandkiste im Keller, aber ich dachte, wir könnten das als Vorrat bis in den tiefen Winter aufheben, denn dann wird es noch weniger geben.“ Die Stimme der Mutter durchdrang scheinbar dröhnend das schweigende Fantasieren.

„Weniger als nichts, was ist das?“ fragte der Vater und fügte nach einer Weile hinzu: „Ich fahre mit Christian nach Ost-Berlin. Kartoffeln und Brot bekommen wir in jedem Fall.“

'Gut‘, dachte Christian und fühlte sich erwachsen, 'gut wenn er mich mitnimmt.‘

„Hauptsache, unsere Polizei nimmt euch bei der Rückfahrt nicht alles wieder ab.“ Dem seufzenden Ton der Mutter war anzuhören, daß es ihr nicht nur darum ging. Es war ihr nicht recht, daß Christian mitgehen sollte.

„Ach wo“, versicherte Christian munter, um die Sorge der Mutter zu zerstreuen, „wir kommen bepackt wieder und satt von den dicken, fetten Bockwürsten.“

„Komische Welt“, Tante Grete lachte trocken auf, „die Russen hungern uns offiziell aus und lassen uns doch irgendwie überleben. Erinnert mich schon wieder an die erste Nachkriegszeit.“

„Das ist große Politik“, stellte der Vater fest, „verstehen müssen wir das nicht, aber durch die Maschen schlüpfen können, das ist für den kleinen Mann überlebenswichtig.“

„Da bin ich.“ Die Großmutter trocknete sich die Hände an ihrer Schürze ab. „Jetzt kann ich dich ablösen“, sagte sie, zum Vater gewandt.

Der schob sogleich seinen Stuhl zurück, stand auf und legte sich auf das schmale, für ihn viel zu kurze Sofa, das, seit nur noch in der Küche geheizt wurde, dort aufgestellt worden war.

„Weckt mich auf jeden Fall in einer Viertelstunde!“

„So bald? Wann kommt denn der Händler die Ware abholen?“ fragte die Mutter.

„Morgen früh gegen zehn. Du weißt, es ist kaum zu schaffen.“

Der Vater war eingeschlafen, sobald er sich hingelegt hatte.

In der Küche war es fast völlig still. Nur eine dicke Fliege flog immer wieder wie blind gegen die Glühbirne. Ein leises Scharren war zu hören, wenn die Röhrchen durch die Süßstoffperlen glitten und das kurze Umkniffen des Pappdeckels, wenn die Schachteln geschlossen wurden.

Hastiger als alle anderen füllte die Großmutter die Schachteln. Sie arbeitete zunehmend schneller und fahriger. Ihre Hände zitterten, und wenn sie ab und an mit dem Röhrchen gegen die Süßstoffschale stieß, klirrte es, als würde ein Weihnachtsglöckchen anklingen.

„Hetze dich doch nicht so. Das hälst du doch nicht durch“, flüsterte die Mutter.

„Aber sieh doch!“ Ihre Stimme bebte.

„Was denn?“

„Er kontrolliert uns."

„Wer?" Tante Grete sah sie verwundert an.

„Na, er." Die Großmutter hatte den Kopf nur unmerklich gehoben. Ihr Blick schnellte einen Augenblick vorsichtig zum Sofa hin.

Christian war ihren Augen gefolgt, und bevor er es verhindern konnte, war ein helles Lachen über seine Lippen geschlüpft. Erschrocken schloß er sie und biß geradezu in dieses Auflachen hinein, so daß es abrupt abriß. Er hatte gesehen, wovon sich die Großmutter beobachtet fühlte.

Es war das Glasauge des Vaters, über dem das Lid immer leicht geöffnet blieb.

Der bis dahin regelmäßige Schnarchton des Vaters hackte und überschlug sich. Gleichzeitig fuhr sein Kopf so erschrocken hoch, wie Christian es bei scheuenden Pferden gesehen hatte. Einen Moment starrte der Vater, offenbar ohne zu wissen, wo er sich befand, vor sich hin und stand dann plötzlich auf den Beinen.

Schuldbewußt sah Christian auf seine Fingerspitzen, die wie von Puderzucker bestäubt waren.

'Wie erkläre ich es ihm? Ich kann doch nicht ehrlich sagen, warum ich lachen mußte. Bestimmt schreit er gleich los.'

„Die Zeit schon um?" fragte der Vater.

Die Mutter nickte. Die Großmutter stand auf, um ihm ihren Platz zu überlassen. Dabei sah sie ihm sehr aufmerksam ins Gesicht und verglich ungläubig und verwirrt das rechte mit dem linken, das gesunde mit dem Glasauge.

„Stimmt." Sie nickte mehrfach bestätigend, ganz in ihre Gedanken versunken und gleichzeitig damit beschäftigt, das Geschirr vom Tisch zu räumen.

Der Vater saß schon wieder und griff nach dem Röhrchen. Er hatte nicht auf die Uhr gesehen und den Worten der Großmutter – wie zumeist – keine Beachtung geschenkt. Christian war erleichtert.

Sie waren wortkarg vor Müdigkeit, und die bleierne Stille vergrößerte diese noch, so daß sie die Stromsperre widersinnig herbeisehnten.

Endlich flackerte das Licht, wurde blasser, ging aus. Die Finsternis stand wie eine Wand vor ihnen. Langsam vermochten sie sich und ihre Umgebung jedoch schemenhaft wahrzunehmen.

„Um sieben wird es hell. Wenn wir dann weitermachen, können wir es bis zehn Uhr schaffen", sagte der Vater.

„Und ich?" wollte Christian wissen.

„Du gehst natürlich pünktlich zur Schule, denn keiner darf von dem hier etwas wissen. Aber solange es nur zwei Stunden Strom gibt, wirst du ab jetzt mitarbeiten, auch nachts."

Während sie aufstanden, um zu Bett zu gehen, fügte der Vater mit leiser, drohender Stimme an: „Und daß du mir nicht in der Schule einschläfst! Hast du mich verstanden?"

Der Brief aus Palästina

Christian hörte den Briefträger, lange bevor er ihn anradeln sah. Sein näherkommender schleppender Gesang erinnerte an Litaneien, die er vom Hochamt aus der Kirche kannte.

Der Postbote sang jeweils Anrede und Namen des Empfängers, wobei er, bis der nächste Brief aus der Tasche genommen und der Name abgesungen werden konnte, den letzten Buchstaben mit dünnem Ton, einem Faden gleich, zwischen beiden Briefen schweben ließ.

Er kam nur langsam mit dem Fahrrad voran, da er wegen des Posteinwurfs ständig halten mußte. Dabei hatte er seiner kurzen Beine wegen Mühe, mit der Schuhspitze das Pflaster zu erreichen, und war dankbar, wenn Vorgärten, von flachem Mauerwerk oder einem Jägerzaun umgeben, ihm diesen Vorgang erleichterten, gewissermaßen verkürzten. Ansonsten geriet das Rad in eine Schräglage, bei der die kastenförmige, offene Posttasche auszukippen drohte.

Christian, der im Vorgarten Unkraut jätete, empfand beim Näherkommen des Postboten eine zunehmende Spannung, die völlig unbegründet war. Außer Absagen auf Vaters Bewerbungen und Festtagsgrüßen bekamen sie keine Briefe. Er selbst hatte noch niemals auch nur eine Postkarte erhalten.

An letzterem änderte sich an diesem Tage nichts. Doch die Erwartung war nicht vergebens gewesen, denn es kam ein besonderer Brief für die Großmutter.

Der Postbote sang sein langezogenes Frauuuuu Bergemannnn.

Christian richtete sich aus der Hocke auf und stand fast neben ihm.

„Hallo!“ rief der Mann überrascht, stieg ganz gegen seine sonstige Gewohnheit vom Rad und lehnte es an den Zaun.

„Bedeutsame Post“, sagte er, wiegte den Kopf gewichtig hin und her und nahm die Schirmmütze ab. Das Haar darunter war feucht und wie von einem Reif eingedrückt. In der rechten Hand hielt er nun die Mütze verkehrt herum, mit dem dunklen Schweißband nach oben, die linke führte er mit großem Bogen von der Tasche zur Mütze und legte einen knisternden, dünnen blauen Umschlag hinein.

„Bitte, mein Herr“, sagte er ehrfürchtig mit einer kleinen Verbeugung und hielt Christian die Mütze mit dem Wort „Luftpost“ entgegen.

Zu Christians Erstaunen, zeigte sich nicht der Anflug eines Lächelns auf dem Gesicht des Postboten. Christian sah auf den Umschlag.

'Himmelblau. Das paßt‘, dachte Christian. Der Schrägstreifen rundum in kräftigem Blau und Rot ließ ihn an einen Drachenschweif denken.

„Für deine Frau Großmutter. Du darfst ihn ihr bringen“, sagte der Mann mit würdevoller Miene. Ganz offensichtlich fühlte er sich durch die Zustellung eines Luftpostbriefes persönlich geehrt.

„Na, nimm schon“, ermunterte er Christian, während seine Augen mit begehrlichem Leuchten an der Briefmarke hafteten.

„Palästina“, murmelte er.

„Palästina?“ fragte Christian.

„Da sind die reichen Juden hin, die nicht ins Arbeitslager wollten“, sagte der Postbote, zuckte mit den Schultern, schob die Unterlippe vor, die Mundwinkel fielen leicht ab.

„Na, ja...", er zögerte und fügte dann lebhaft hinzu: „Lauf zu deiner Großmutter. Hoffentlich ist es eine gute Nachricht."

Er schwang sich auf sein Rad und sang im Wegfahren: „Frauuu Beckerrrr."

Christian drehte den Umschlag um und las den Absender: 'Rahel Goldstein, Haifa, Palästina.'

Er kannte keine Rahel Goldstein.

'Palästina...' Das erinnerte ihn an den alten Mann, der vor Wochen bei ihnen gewesen war. Salomon hatte er geheißen und ausgesehen, als wäre er der Bibel entstiegen. Einen so haarigen Menschen hatte Christian noch nie gesehen. Das Gesicht war vom langen Kopfhaar und Bart fast zugewachsen, doch die Augen hatten lebhaft daraus hervorgefunkelt, ganz im Gegensatz zu den bedächtigen Bewegungen und vorsichtigen Schritten der gebückten Gestalt.

Herr Salomon wollte die Großmutter sprechen, die die Mutter und Tante Grete dazugerufen und dann die Wohnzimmertür fest hinter ihnen geschlossen hatte. Sie wollten ungestört sein.

Zur Abendbrotzeit, zwei Stunden später, war der Gast fort gewesen, und keiner hatte von ihm gesprochen.

Beim Zubettgehen hatte Christian die Mutter gefragt, wer denn der merkwürdige Mann gewesen sei.

„Ein Bekannter von Tante Marie", hatte sie geantwortet.

„Tante Marie?"

„Meine ältere Schwester, die sich nach Palästina verheiratet hat."

Christian wußte von einer älteren Schwester der Mutter, aber da nie von ihr gesprochen worden war, hatte er sie für tot gehalten.

Nach dem Besuch des Herrn Salomon hatten sich die Unterhaltungen bei Tisch geändert. Sie waren für Christian diffus geworden. Wortfetzen flogen hin und her, die offenbar mit Tante Marie zu tun hatten, doch fiel ihr Name selten und nur aus Versehen. Das war dann der kraftvoll ansetzenden, aber hohl ausklingenden Stimme anzuhören, die den Namen wie eine leere Hülse abstieß. Aus den andeutenden Worten und Halbsätzen ließ sich für Christian nur schwer ein Zusammenhang erkennen. Gerade entstandene Bilder wurden durch ein einziges Wort zerstört, mußten erneut zusammengefügt werden. Ähnlich blieben sie sich nur in ihrer Rätselhaftigkeit und Düsternis.

Er fragte Baku. Aber diesmal blieb auch der wortkarg und tastete die Worte vorsichtig ab, bevor er sie aussprach, um nur nichts Unbedachtes zu sagen.

Dennoch erfuhr Christian nach und nach mehr über Tante Marie.

Sie hatte gegen den Rat der Familie ihren Robert Goldstein, einen Juden, geheiratet. Ihn schickte wenig später sein Arbeitgeber, ein namhaftes Elektrounternehmen, das ihn als Ingenieur sehr schätzte, nach London und gab ihm damit die Möglichkeit, von dort aus mit Tante Marie nach Palästina zu gehen, wo auch ihre Tochter geboren wurde. Seine drei Schwestern holte Onkel Robert nach. Sie hatten sich später dort verheiratet.

Seine Eltern, treue Preußen, konnten an eine ernsthaft Bedrohung nicht glauben und blieben. Sie wurden in Auschwitz vergast.

Onkel Robert arbeitete in Palästina anfangs als Taxifahrer, später als Fabrikarbeiter.

Herr Salomon war der erste, der nach dem Abschied vor Jahren eine Nachricht von Tante Marie gebracht hatte, und es war eine schlechte gewesen.

Onkel Robert und die Männer seiner Schwestern waren auf dem Heimweg von der Fabrik von Ägyptern erschlagen worden.

Daß dort Krieg war, hatte Christian nicht gewußt. Bis dahin hatte er geglaubt, der Krieg sei für alle zu Ende. Es gäbe nun überhaupt keine Kriege mehr.

Statt der sonst bildreichen Träume begleitete sein Erwachen jetzt Geruch und Geschmack von geborstenem Mauerwerk, Phospor und schwelendem Feuer.

Und Tante Marie?

Die Großmutter hatte mit Herrn Salomon besprochen, daß Tante Marie mit ihrer Tochter nach Deutschland zurückkommen solle.

Wo sollte sie wohnen? Wovon leben?

Diese Fragen bewegten die Erwachsenen und auch Christian, seit er wußte, daß das Kinderzimmer vorerst der Tante überlassen werden und Ulrich bei den Eltern und er auf dem Sofa im Wohnzimmer schlafen sollte.

Die Familie erwartete einen erneuten Besuch von Herrn Salomon.

Die gereizte Stimmung in dieser Zeit hatte noch einen weiteren Grund.

Tante Marie war damals in Unfrieden gegangen, denn um die Reisekosten nach England und Palästina bezahlen zu können, hatte sie ihr Erbteil verlangt. Auf das Haus mußte eine Hypothek aufgenommen werden. Anfangs unvorstellbar für die Großeltern, hatte es die Tante durch Selbstmordandrohungen schließlich erzwungen. Die Forderung des Erbteils war eine Ungeheuerlichkeit für die ganze Familie gewesen und, wie sich jetzt zeigte, geblieben, denn obwohl alle im nachhinein besser als zuvor wußten, was der Verbleib in Deutschland für Marie bedeutet hätte, hatte der Vorfall eine nur dünnhäutig überwachsene Wunde hinterlassen.

Nichts war vergessen. Das Verdrängte quoll empor. Dazu kam das ungute Gefühl, dem moralischen Druck durch Marie erneut ausgeliefert zu sein, da nun Roberts Tod aller Verhalten mitbestimmen mußte. Denn wo sollte Marie mit ihrer Tochter hin? Bitterkeit und Ablehnung verwoben sich um so enger, je stärker sie sich gegen ihre Schuldgefühle wehrten.

Christian war unterdessen, in Gedanken verloren, die Treppe hinaufgegangen, statt wie sonst zwei Stufen auf einmal nehmend heraufzustürmen. Die Großmutter, die den Kopf tief über den hölzernen Stopfpilz gebeugt hielt und ihn weder gesehen noch gehört hatte, schrak zusammen, als Christian ihr den Brief entgegenhielt. In ihrem Erschrecken lag zugleich Verärgerung, die Christian daran hinderte, sofort um die Briefmarke zu bitten.

Er gab ihr stumm den Brief und setzte sich seitlich auf das Sofa, den Blick scheinbar durch das Fenster auf die Straße gerichtet, während er sie aus den Augenwinkeln beobachtete.

Ihre Haltung veränderte sich. Während sie, als sie den Brief entgegennahm, den Oberkörper gestreckt und die Stirn über den runden Augen nach oben gezogen hatte, beugte sich nun ihr Rücken langsam dem Brief entgegen. Stirnfalten und Augenlider senkten sich. Ein Schatten fiel über ihr Gesicht, der jedoch nicht durch die vom Wind bewegten Zweige, die vor dem Fenster einen lichtgrünen Vorhang bildeten, verursacht war. Der Brief lag ungeöffnet in ihren Händen.

'Sie braucht gar nicht auf den Umschlag zu sehen. Die Schrift verrät den Absender', wunderte sich Christian, der nie von einer Rahel hatte sprechen hören.

„Hole deine Mutter und Tante Grete", sagte sie mit lauter Stimme, um Bestimmtheit vorzugeben, doch ein leichtes Beben darinnen strafte diese Absicht Lügen.

Er lief und holte beide. Dann setzte er sich wie vorher auf die Sofaecke in der Hoffnung, nicht bemerkt zu werden und bleiben zu können. Es ging ihm nicht mehr allein um die Briefmarke, vielmehr spürte er von dem Brief eine unerklärliche Spannung ausgehen, die seine Neugier weckte.

„Was schreibt sie denn?" fragte die Mutter schon beim Hereinkommen.

„Du hast den Brief ja noch gar nicht gelesen", stellte Tante Grete überrascht fest. Sie zog einen Sessel näher zur Großmutter hin und setzte sich.

Alle sahen die Großmutter an und warteten, daß sie den Brief öffnen würde. Christian blickte in ein ihm bis dahin unbekanntes kleines, verhärmtes Gesicht mit unruhigen Augen. Das Tikken der Uhr teilte die Stille.

Die Mutter, die sich zu Christian auf das Sofa gesetzt hatte, beugte sich zur Großmutter vor und sah sie mit Erstaunen an, das gleich darauf in ihrer Stimme mitschwang: „Aber du fürchtest dich ja."

Die Großmutter ließ den Umschlag von einer Hand in die andere gleiten, hob ihn ein wenig empor, senkte die Hand, in der sie ihn hielt, wieder, so als wollte sie vom Gewicht des Briefes auf seinen Inhalt schließen. Doch der hellblaue Umschlag war dünn, leicht und verschwiegen.

'Wie vom Himmel herabgeweht', dachte Christian, 'sieht eher zart und leicht als bedrohlich aus.'

„Und wenn sie wirklich kommt...?" Die Worte der Großmutter klangen hart und abweisend.

„Was soll sie jetzt, allein mit dem Kind in einem fremden Land, denn anderes tun. Darüber waren wir uns doch klar", warf Tante Grete, verwundert über die Großmutter, ein.

„Ein fremdes Land, in das sie unbedingt mit dem Geld der Eltern wollte", warf die Mutter ein. „Bei allem, was jetzt ist, das sollten wir nicht beschönigen."

„So ist es." Die Großmutter nickte energisch. Ihr Gesicht war sehr weiß, die Lippen zu einem Strich zusammengepreßt.

„Aber sie hätte Robert sonst nicht heiraten können. Es war schließlich keine Vergnügungsreise." Der Stimme von Tante Grete war die starke innere Erregung anzumerken.

„Unsinn. Wer kann schon immer tun, was er will. Zu der Zeit damals einen Juden heiraten. Unmöglich", stieß die Großmutter hervor. „Und außerdem hat sie damit die ganze Familie gefährdet." Ihre Haltung war wieder gestrafft, die Augen von jener eisigen Glut, die Christian fürchtete.

Ihm fiel Baku mit seinen jüdischen Nachbarinnen ein. Hätten die Mutter und Großmutter Robert versteckt? Und der Großvater?

Wie ein ängstlicher, zwischen den Handflächen gefangener Schmetterling, flatterte der Zweifel in seinem Brustkorb. Die Gedanken wirbelten blind vor Schrecken durcheinander, vermochten an nichts Beruhigendem Halt zu finden.

„Totgeschwiegen haben wir Marie und Robert", sagte Tante Grete, und ihre zögerlich gesprochenen Worte waren ein Eingeständnis langgehegter Selbstvorwürfe.

„Das ist doch nicht wahr.“ Die Mutter preßte die Hände gegen die Schläfen, als könnte sie sich der belastetenden Gedanken, die Tante Gretes Äußerung bei ihr auslösten, erwehren. „Warum konnte sie nicht warten. Seine Geschwister hat Robert auch später erst nachgeholt.“

„Was hätte das geändert?“

„Na ja“, die Mutter zuckte hilflos und ärgerlich zugleich mit den Achseln, „wenigstens hätten wir uns nicht erpreßt gefühlt.“

'Wenn die Tante kommt, wird es so sein, wie es war, als der Vater aus der Gefangenschaft kam.‘

Christian spürte wieder die Atmosphäre von Fremdheit, Mißtrauen und Feindseligkeit, die, wenn der von der Zeit aufgeschüttete Damm bräche, erneut, einer Sturmflut gleich, in das flache Land der Gewohnheit eindringen würde. Und sein Wissen um die grausame Frage 'Warum kehrt gerade dieser Mensch heim?‘ überzog seine Haut mit einem eisigfeuchten Film.

Die Großmutter nahm eine Schere aus dem Nähkasten, der neben dem Sessel am Boden stand, und griff mit der freien Hand nach dem Brief. Mit einem scharfen, kurzen 'Ritsch‘ schlitzte sie ihn entschlossen auf. Als erstes zog sie ein postkartengroßes Foto heraus.

Das Foto wurde herumgereicht. Nochmals ein Aufschub. Als letzter hielt es Christian in den Händen. Das Bild zeigte ein etwa gleichaltriges Mädchen.

'Miriam steht darunter.‘ Nie hatte Christian ein schöneres Gesicht gesehen: oval, beherrscht von schwermütigen, dunklen Augen, umrahmt von üppigem, schwarzem, leicht gewelltem Haar, offen bis zu den Schultern.

„Wie traurig und wie schön sie ist“, flüsterte Christian im

gleichen Augenblick, als die Großmutter die Anrede des Briefes vorzulesen begann:

„... für Eure Bereitschaft mir zu helfen, danke ich Euch. Herr Salomon hat Euch sicherlich in guter Absicht aufgesucht, aber ohne mein Wissen. Er wußte nicht, daß Ihr mir bei meinem Weggang aus Deutschland bereits mit der Überlassung meines Erbteils geholfen habt, das mir bis heute nicht zusteht. So wußte er auch nicht um die Bedingung, die daran geknüpft war, niemals mehr eine Unterstützung zu erhalten.

Nicht nur dieser alten Vereinbarung wegen kann ich Euer Angebot, nach Deutschland zurückzukommen, nicht annehmen, sondern weil hier in Palästina trotz allen Kummers meine und vor allem Miriams Heimat ist. Gerade um ihretwillen, der Eure Hilfe besonders zugedacht ist, muß ich hier bleiben, denn seit ich weiß, daß Roberts Eltern in Auschwitz vergast wurden, weiß ich auch, daß dieses Grauen kein Alptraum, keine irre Verleumdung, sondern Wahrheit ist. Bei dem Gedanken an Deutschland erfassen mich seitdem keine heimatlichen Gefühle, sondern Angst und Entsetzen.

Besser als bei unserem Abschied kann ich nun verstehen, daß es Geschehnisse gibt, die nicht vergessen werden können.

Die äußere Not wird zu überwinden sein. Ich werde versuchen, sobald ich eine Wiedergutmachungszahlung aus Deutschland erhalte, ein kleines Eiscafé oder Modegeschäft aufzumachen. Bis dahin wird die Zeit irgendwie überstanden werden. Es wurde schon vieles geschafft, vor allem, daß wir hier ein Zuhause gefunden haben.

Dazu war es nötig aufzuhören, Deutsche und Christin zu sein. Ich konnte meine Sprache nicht mehr sprechen, um nicht den Zorn der Nachbarn auf mich zu ziehen. In wenigen Wochen in London und durch Kinobesuche in Palästina mußte ich Englisch lernen, um nicht aufzufallen. Miriam hat aus Vorsicht nie die deutsche Sprache gehört. Auch Robert und ich sprachen nicht mehr deutsch miteinander.

Ich bin Jüdin geworden; wie sollte ich mich dem entziehen. Durch die Möglichkeit der Gaskammern habe ich den Glauben an das Christentum verloren, aber nicht an den Gott meiner Kindheit.

Es wird gut sein, alles zu belassen, wie es ist.

Ich danke Euch, aber ich bin nicht mehr Marie.

Ich bin *Rahel*"

Das Papier raschelte, als die Großmutter die Hand mit dem Brief in den Schoß legte. Während des Lesens hatten im Wechsel ungläubiges Staunen und Bestürzung ihr Gesicht beherrscht. Jetzt war es entspannt und faltenlos und verbarg die Erleichterung nicht.

„Etwas überspannt, eben doch Marie. Aber der Gedanke mit dem Geschäft liegt einfach in der Familie." Aus den letzten Worten sprach tiefe Befriedigung.

„Und am Ende hat sie immer noch Glück. Auch das: ganz Marie. Wiedergutmachung aus Deutschland. Warum, wo sie doch gar nicht weg mußte." In der müden Stimme der Mutter schwang Verbitterung mit.

Wenn die Mutter so spricht, ist sie Christian sehr fremd. 'Früher war sie nicht so hart', denkt er und sehnt sich nach der Zeit, wo sie ihn manchmal grundlos in die Arme nahm.

„Glück hat sie", schleuderte der Vater, den keiner hatte kommen hören, mit einem bösen Auflachen dazwischen. „Ja, sie hat nur ihre Heimat, ihre Sprache, ihren Glauben und ihren Mann verloren, sonst nichts."

Ohne die Stimme zu erheben, hatte er die Worte sehr deutlich und langsam aneinandergefügt. Doch in der eingetretenen Stille klangen sie nach, als habe er sie herausgebrüllt.

Wenige Tage darauf ging die Großmutter zum Notar. Sie setzte ihr Testament auf und legte fest, daß Tante Marie nichts erben solle, da sie schon abgefunden worden sei, als es sie unter diesem Namen noch gab.

Trennungen

– 16.6.1953 –

„In der Stalinallee wird demonstriert“, stieß Christian keuchend hervor, während er vom Fahrrad sprang.

„Ich weiß.“

Seit der Unruhe in der Stadt hörte Martin, sobald er von der Schule nach Hause kam, die Nachrichten, leise, nicht weil er außer dem Ost- auch den verbotenen Westsender hörte, sondern wegen der Mutter, die die Meldungen beängstigten und erregten.

„Ja, und...“

„Was meinst du?“

„Sind die Leute auf der Straße, Polizisten, russische Soldaten? Was geschieht bei euch?“

„Nichts davon. Was soll im Dorf schon los sein?“

Martin wohnte seit vier Monaten mit seiner pflegebedürftigen Mutter bei Verwandten, sechs Kilometer von der bisherigen Wohngegend und Christian entfernt. Der Ort gehörte schon zur Ostzone. Seit dem Umzug trafen sich Christian und Martin jeden Nachmittag, wenn die Schularbeiten erledigt waren, etwa in der Mitte, hinter dem Wäldchen jenseits der Landstraße unter einer riesigen Eiche, die ihnen bei Regen Schutz bot.

„Als ich Bier für unseren Nachbarn aus dem Dorfkrug holte“, fuhr Martin fort, „saßen die Alten wie immer zusammen.“

„Reden sie von Aufstand, von Krieg?“

„Du fragst wie ein Geheimer. Sie reden von der Normerhöhung, dem Mangel an Material und Maschinen, den leeren Regalen in den Geschäften, eben wie immer.“

„Im RIAS hört sich das anders an, sehr aggressiv.“

„Gerade die Bauern sind mit den Zuständen unzufrieden, aber ihr Reden bleibt bedächtig, weil die Worte mühevoll und vereinzelt herausgepreßt werden. Am ehesten kannst du ihren Zorn noch an der Heftigkeit, mit der ihr Unterarm den Bierschaum vom Mund wischt oder die Pfeife gepafft wird, ausmachen. Aber einen Aufstand will bestimmt keiner von denen."

Bei der Erwähnung der Bauern dachte Christian an die Zeit des Hamsterns. „Geschieht ihnen ganz recht!" meinten Mutter und Großmutter, ohne zu zaudern. Verallgemeinerungen ärgerten ihn, so daß er sich bemühte, seinen Erinnerungen mit Verstand beizukommen, aber es gelang ihm nicht, gute Gefühle für die Bauern zu entwickeln.

„Eines ist sicher, ob West- oder Ostnachrichten, was wirklich ist, wissen wir nicht."

„Laß uns morgen in die Innenstadt fahren! Dann können wir selbst sehen, was vor sich geht."

„Du hast recht", stimmte Christian sofort zu, „aber zu Hause sagen wir besser nichts davon."

„Fürchtest du dich? Kannst es ruhig sagen", fragte Martin nach.

„Nicht wegen morgen. Wenn es wirklich zum Aufstand oder Bürgerkrieg käme, dann schon. Unvorstellbar. Wieder ginge es nur noch ums Überleben, alle anderen Gedanken und Gefühle würden davon verdrängt werden."

„Stimmt. Sie wären auch nicht zu ertragen."

„Und wie geht es mit deinen Nachbarjungen?" wechselte Christian das Thema.

„Die einen verstehen mich nicht, die anderen glauben mir nicht. In einem sind sie sich einig, sie lehnen mich ab, als wäre ich ein aus dem Westen eingeschleuster Spion."

Martin starrte auf den Boden und setzte bitter hinzu: „Wie soll ich da je Freunde finden?“

Christian schämte sich der spontanen Freude, die er bei diesen Worten empfand, doch solange es keine neuen Freunde gab, blieb er für Martin wichtig. Auch er hatte noch keine neue Freundschaft geschlossen, aber die Jugendlichen aus der Nachbarschaft waren ihm vertraut; am Abend spielten sie Völkerball oder trafen sich und rauchten heimlich in einer Nebenstraße.

„Sie müssen dir doch glauben, daß du wegen deiner kranken Mutter umgezogen bist!“

„Sie können sich keinen Grund vorstellen, der ausreichte, vom Westen in den Osten zu ziehen.“

„Aber das ist eine Tatsache, daß werden sie irgendwann begreifen. Was ist noch?“

„Sie finden den Westen einfach toll, bunt, lustig, die Geschäfte angefüllt mit allem, was man sich wünscht: Schokolade, Bananen, Schallplatten, schicke Kleidung. Na, du weißt schon.“

„Ist ja auch so.“

„Die Aufzählung schon, aber daß alles weniger lustig ist, wenn du nur wenig kaufen kannst, begreifen sie nicht.“

„Sie sehen doch, daß die Arbeitslosen bei ihnen Brot und Kartoffeln kaufen müssen, um durchzukommen.“

Martin winkte ab.

„Wenn ich davon anfange, schimpfen sie, daß die Westler ihnen mit ihrem günstigen Kurs das wenige, was es überhaupt gibt, wegkaufen.“

„Aber daran sind sie mit schuld. Schließlich unterbieten sie die Löhne und nehmen uns die Arbeit weg. Bei dem Kurs eins zu vier sind sie dann fein raus“, ereiferte sich Christian. „Und wenn sie in den Westteil flüchten, und das tun sie ja zu Tausenden, dann bekommen sie Wohnungen, und die Familien im Westsektor warten weiter.“

„Laß gut sein“, besänftigte Martin, „mich mußt du nicht überzeugen. Trotzdem geht es den meisten im Ostteil eben schlechter als denen im Westen. Und nun das mit der Normerhöhung. Das kommt ihnen wie ein Betrug vor. Sie haben geglaubt, daß es auch bei ihnen langsam aufwärtsgehen würde. Statt dessen jetzt weniger Geld für die gleiche Arbeit und kein bißchen mehr in den Geschäften.“

„Vielleicht nimmt die Regierung die Normerhöhung zurück, wie schon anderes in letzter Zeit, oder redet doch wenigstens mit den Demonstranten, dann…“, begann Christian nachdenklich.

„Reden ist besser als Aufstand oder Krieg. Und das wissen beide Seiten“, fiel ihm Martin mit Überzeugung ins Wort.

„Hoffentlich wissen das auch die, die sich überall einmischen“, hielt Christian dagegen.

„Morgen mischen erst einmal wir uns ein. Wir fahren zur Stalinallee. Abgemacht?“

Christian nickte, schwang sich unvermittelt auf sein Fahrrad und raste die Landstraße entlang. Martin folgte ihm und trat mit aller Kraft in die Pedalen, um ihn zu überholen. So hetzten sie einander längere Zeit, bis sie völlig außer Atem von den Rädern sprangen und sich ins Gras warfen, glücklich, gedankenlos – nur das Hämmern ihres Herzschlages im Zentrum ihrer Wahrnehmung.

– 17.6.53 –

Die erste große Pause war vorbei. Gleichzeitig mit dem letzten Aufschrillen der Schulglocke betrat Doktor Immenfeld mit ausgreifenden Schritten den Klassenraum. Die Tür fiel krachend hinter ihm ins Schloß.

„Guten Morgen. Setzen! Hefte raus!“ rief er in den Raum, während er seinen Stuhl schwungvoll heranzog und sich an das Katheder setzte. Seine Aktentasche stand links von ihm am Boden, achtlos neben den Tisch geschleudert. Dort hatte sie seit dreißig Jahren ihren Platz; ihr brüchiges Leder war grau und ausgetrocknet, wie das Gesicht des Lehrers.

Der schlug das Klassenbuch auf, und obwohl es schon die dritte Unterrichtsstunde war, rief er die Schüler auf und hakte mit energischer Handbewegung die Namen der Anwesenden ab.

Martin, Marianne und Günter waren nicht gekommen. Sonst fehlte niemand. Doktor Immenfeld sah auf, blickte nacheinander auf die freien Plätze.

„Ah so. Unsere Freunde aus der Zone.“

Alle drei kamen die wenigen Kilometer mit der S-Bahn aus der Ost-Zone herüber, wo die Schulzeit für sie mit der achten Klasse geendet hatte. Sie wollten das Abitur machen, was ihnen in der Ost-Zone nicht erlaubt war, da sie keine Arbeiter- oder Bauernkinder waren.

„Die S-Bahn fährt heute nicht, wird bestreikt. Gelten also als entschuldigt“, fuhr der Lehrer sachlich fort.

Unruhe entstand im Klassenraum. Das hatten sie nicht gewußt. Die Schüler fragten sich, was in der Nacht geschehen sei. 'Ist es ein Streik oder ein Aufstand? Gibt es vielleicht sogar wieder Krieg? Diesmal einen Bürgerkrieg, wie manche befürchten?‘ Am Ende dieser Gedanken sitzen alle sehr still, fast erstarrt da. Sie wissen, was Krieg bedeutet.

Doktor Immenfeld unterbrach die Stille, indem er das Klassenbuch zuschlug, aufsprang und die Wandtafel aufklappte. Er dachte nicht daran, über die Vorgänge zu sprechen, die alle bewegten. Genauso hatte er sich immer verhalten, hatte sich rausgehalten und war gut damit gefahren.

„Zeichnungen und Texte sind eine Zusammenfassung dessen, was wir in der letzten Physikstunde besprochen haben. Also bitte in die Hefte übertragen und zum Freitag lernen“, wies er die Schüler an.

Die Sonne tauchte den schäbigen Klassenraum in Gelbtöne. Im geöffneten Fensterflügel spiegelte sich ein Teil der Schüler, die in der absoluten Stille, in der Doktor Immenfeld stets unterrichtete, die Köpfe auf und nieder bewegten, während sie die Übertragung von der Tafel vornahmen. Sonst winkten sie sich bei solchen Gelegenheiten heimlich zu, machten Hasenohren hinter dem Kopf eines Vordermannes oder Grimassen. An diesem Morgen alberte keiner.

Der Lehrer umrundete die Klasse; die Haltung gestrafft, die Schüler scharf ins Auge gefaßt, als gelte es, Raubtiere in einer Manage zusammenzuhalten. Hier und da streifte sein Blick ein Heft, zeigte er mit schnellem Finger auf eine falsche Linie, schüttelte unwirsch den Kopf über eine fehlerhafte Eintragung, deutete heftig mit der Kinnspitze auf die Tafel.

Christians Gedanken waren bei Martin. Sein Gehör konzentrierte sich nach draußen, als könnte er ihn doch noch kommen hören. Je länger er in das träge vormittägliche Schweigen des

Schulhofes lauschte, um so deutlicher drangen Töne aus der Ferne hindurch: ein dumpfes Dröhnen, schwankendes Rasseln. Er spürte lauschend und mit Herzklopfen etwas Bekanntem nach, das zunehmend seine Aufmerksamkeit auf sich zog.

Und dann wußte er es: Panzer. Es waren Panzer.

Vor Aufregung hatte er die Feder so stark aufgedrückt, daß ein Tintenklecks und einige Spritzer die begonnene Übertragung unbrauchbar machten. Gleichzeitig klingelte es zur Pause. Der Lehrer verließ die Klasse. Die Schüler saßen oder standen in Gruppen beieinander.

Christian zog seine Mappe hervor, warf Heft und Federtasche hinein und rannte unbemerkt hinaus, die Treppe hinunter zum Fahrradständer. Er schwang sich auf sein Rad und radelte in Richtung Wäldchen, ihrem Platz entgegen.

Erst als er sich der Landstraße näherte und sich die Geräusche verstärkten, begann er zu denken. Alles bis dahin war einfach geschehen. Er ließ sein Rad am Waldrand zurück und lief durch die Schonung. Die letzten Reihen der dünnen Baumstämme gaben den Blick auf die Landstraße frei. Er sah auf die rollende Kolonne der Panzer und Lastwagen, die sich in Richtung Stadtmitte bewegte. Die Kettenfahrzeuge schwankten gewalttätig. Die zum Funken ausgefahrenen Ruten wippten hönisch über dem Ganzen.

Das Bild, das er vor Augen hatte, wurde erst im Magen wirklich aufgenommen; es formte sich beklemmend, Übelkeit erzeugend.

Christian kroch weiter nach vorn, um zu sehen, ob auf der anderen Seite der Straße vielleicht Martin an ihrem Platz zu sehen wäre. Und wirklich meinte er, ihn zwischen dem niedrigen

Buschwerk am Straßenrand gegenüber zu erkennen. Sich nach allen Seiten umsehend, getraute er sich ab und an, einen Arm zu heben, um Martin ein Zeichen zu geben, welches dieser tatsächlich irgendwann erwiderte.

Christian ergriff ein tiefes Glücksgefühl.

'Wir wußten, daß wir uns hier treffen würden. Absprachen sind zwischen uns nicht nötig.'

Die Sonne stieg höher. Mittagszeit – und kein Ende der Kolonne.

Irgendwann sind sie beide aufgestanden und an die Landstraße herangetreten, zwischen sich den grauen Asphalt, auf dem, wie auf einem Montageband, die Panzer in die Innenstadt gezogen zu werden schienen.

'Wie verloren er in dem viel zu großen Oberhemd aussieht', dachte Christian.

Wegen der Hitze hing das Hemd über der kurzen Hose, verdeckte sie, fiel über die nackten Schenkel.

Christian war an ihre erste Begegnung erinnert, als Martin neu in die Klasse kam, aus Oberschlesien, wohin seine Familie evakuiert war, mit einem Treck zurückgekehrt, im letzten Kriegswinter. Er hatte kurze Hosen und selbstgetrickte Strümpfe angehabt, die wie bei einem Mädchen mit Strumpfhaltern am Leibchen befestigt waren. Unbarmherzig verlacht hatten sie ihn, bis Martins Gesicht vor Scham glutrot verfärbt gewesen war.

Ganz ähnliche Gefühle wie damals stiegen in ihm auf: Beklommenheit und Hilflosigkeit, Zuneigung und Trauer – diesmal aber um ihrer beider willen. Die Gleichzeitigkeit von innerer Nähe und äußerer Trennung riß schmerzhaft an ihm.

Mindestens zwanzig Meter voneinander entfernt standen sie sich gegenüber, bestürzt und stumm. Sie konnten sich nichts sagen und sie hätten auch nichts zu sagen vermocht.

Zwei Soldaten sprangen aus einem Begleitfahrzeug, jeder auf einen der Jungen zu, um sie zu vertreiben. Ihre Worte gingen im Gedröhn der Kolonne unter, aber ihre Gebärden waren äußerst aggressiv und zwangen die Jungen, in entgegengesetzter Richtung davonzustürmen.

Christian hetzte in die Schonung zurück. Rannte im Zickzack durch das Unterholz. Endlich an eine Lichtung gelangt, blieb er an einem dornigen Brombeergebüsch hängen. Riß sich los, zerfetzte das Hosenbein. Kein Mensch kam ihm entgegen. Hinter ihm liefen dagegen noch andere, geduckt und atemlos, die er vorher nicht bemerkt hatte. In Sichtweite des Waldweges, den er so oft mit dem Großvater gegangen war, blieb er erstmals stehen. Hinter sich Rascheln und Knacken. Von der Landstraße her noch immer das bedrohliche Geräusch; dazu sein eigener dumpf hämmernder Herzschlag.

Ohne Hast ging er in Richtung des Waldweges weiter. Kopf und Schultern gesenkt, bedrückt und mit wirren Gedanken. Erst als ein langer Schatten vor seine Füße fiel, schreckte er auf und blieb abrupt stehen, als habe sich ihm ein gewaltiges Hindernis in den Weg gestellt.

Als er aufblickte, sah er den Vater, der auf einem der vielen Baumstümpfe saß, die von den verbotenen nächtlichen Rodungen nach dem Krieg und im Blockadewinter zeugten und hier, mitten im Wald, unerwartet einen freien Platz geschaffen hatten.

Das Gesicht des Vater war düster, aber ohne Vorwurf oder Zorn. Statt zu fragen, woher Christian komme, zeigte er auf einen Baumstumpf in seiner Nähe. Christian war beim Anblick des Vaters nicht erschrocken, vielmehr stellte er fest, daß in seinem aufgewühlten Innern erstmals kein Platz für die Angst vor ihm war.

Sie saßen lange, ohne miteinander zu reden. Irgendwann hetzten zwei Männer auf Fahrrädern an ihnen vorbei. Sie riefen sich kurzatmig Worte zu, die denen am Wege unzusammenhängend zuwehten.

Schließlich sagte der Vater mit einer Kopfbewegung in Richtung der Landstraße: „Du hast es gesehen.“ Er fragte nicht, er stellte es fest. „Erinnert mich an das Kriegsende“, fuhr er mit müder Stimme fort.

„Mich auch.“ Christian spürte mehr, als er erinnerte, dem letzten Spaziergang mit dem Großvater nach, bevor die Russen kamen.

Der Vater war aufgestanden und sah zuerst zur Landstraße hinüber, dann zum Ort hin.

„Trennungen sind besonders schrecklich, wenn sie einem aufgezwungen werden und man nichts von sich aus tun kann, um sie zu überwinden“, sagte er mit ungewohnt verhaltener Stimme.

'Genau das ist es. Ein Gefühl ohnmächtiger Wut, ein Aufheulen.‘

Christian blickte erstaunt zum Vater hinüber, der, bevor er weitersprach, lange dem Ort entgegensah. In der Ferne waren die roten Ziegeldächer der Häuser auszumachen, die sich ansonsten im Grün versteckt hielten.

„Gerade so habe ich es vor mir gesehen, als der Nachrichtensprecher sagte: 'Über Teltow, Rangsdorf, Mahlow nähert sich die russische Armee Berlin.‘ – Das war am 23.4.1945. Wir hatten uns in der Gefangenschaft heimlich ein Radio gebastelt. – Ich dachte, ich sehe euch nie wieder.“

Den letzten Satz hatte der Vater sehr leise gesprochen.

„Du glaubtest, wir würden alle umgebracht?“

„Ich war ganz sicher.“ Die Stimme des Vaters war bewegt. Die harte Strenge der Gesichtszüge war tiefer Betrübnis gewichen.

'Er hat an uns gedacht, sich um uns gesorgt, uns wohl sogar geliebt.‘

Diese Gedanken waren Christian nie zuvor gekommen und verwirrten ihn. Er fühlte sich unbehaglich und war froh, daß der Vater nach einiger Zeit weitersprach.

„Rußland wurde auf dem Rückzug von den Deutschen verwüstet. 'Verbrannte Erde‘ nannten sie die Aktion. Und sie meinten es wörtlich. Stadtteile, Dörfer, Scheunen und Felder brannten hinter ihnen ab, hinterließen ein völlig zerstörtes Land. Tausende wurden ermordet.“

„Und du dachtest, die Russen machen es hier ebenso.“

Der Vater nickte. „Daran hatte ich keinen Zweifel.“

Christian dachte an die Plünderungen, die Toten hier im Wäldchen, die Vergewaltigungen.

„Schlimm war es. Aber so nicht. Doch die Russen wurden vom ersten Tag an von fast allen gefürchtet, verachtet und gehaßt.“

Er dachte an Hunger und Kälte und wußte, daß die meisten der russischen Soldaten beides mit ihnen geteilt hatten. Es fielen ihm die Demontagen ein, die es nur in der Ostzone gab und die nun erstmals eine gewisse Erklärung für ihn fanden. 'Es geht uns im Westen besser, weil die Amerikaner Geld in die Wirtschaft stecken, während die Russen die Kriegsschuld in ihrer Zone eintreiben müssen', ging es ihm durch den Kopf.

Hitzig fuhr er auf: „Wer weiß schon etwas von 'Verbrannter Erde'. Keiner von euch sagt etwas."

Noch nie hatte er so mit dem Vater zu sprechen gewagt. Er war über sich selbst verwundert. Sein Eifer speiste sich aus zwei bedrängenden Empfindungen. Zum einen war da die veränderte Wahrnehmung des Vaters, zum anderen Bangigkeit bei der Frage, ob die Geschehnisse eine Trennung von Martin mit sich bringen würden.

„Meinst du, daß sie uns trennen?" fragte er den Vater.

„Man kann nicht wissen. Einen Anfang haben sie ja schon gemacht, indem Straßenbahnen und Züge vor den Sektorengrenzen enden und umgestiegen werden muß. Mehr kann ich mir kaum vorstellen. Berlin ist eine zu große Stadt. Aber wissen kann man es nicht."

„Martin und ich sind die besten Freunde. Unsere Freundschaft kann eine längere Trennung nicht zerstören." Es klang beschwörend.

„Es geht nicht nur um die räumliche Trennung. Es geht um die Lebenszeit, die jeder in anderer Umgebung verbringt. Sie verändert die Menschen. Das ist ganz natürlich, aber schmerzlich, denn die Hoffnung, das gemeinsame Leben wieder da aufzunehmen, wo es unterbrochen wurde, ist eine Illusion."

„Du meinst, die Hoffnung auf ein Wiedersehen ist deshalb von vornherein sinnlos?"

„Ich meine nur, daß sich Trennungen nicht allein äußerlich vollziehen. Die Zuneigung bleibt scheinbar, aber sie nährt sich nur noch von Erinnerungen; sie kann eines Tages gar nicht mehr den betreffenden Menschen meinen. Nach langer Trennung kann Altes nicht aufleben, wenn nicht etwas Neues von beiden Menschen hinzukommt."

Der Vater hatte sehr langsam gesprochen, behutsam nach Worten gesucht, so als erkläre er es sich selbst.

Christian begriff, daß der Vater sie wie früher liebte. Die Mutter, die unselbständige Frau der ersten Ehejahre, und ihn in dem kleinen Bruder. Der Vater hatte die Trennung nicht überwinden können, war in seinen Erinnerungen steckengeblieben; deshalb blieb seine Liebe untauglich.

'Bei Martin und mir wird es anders sein. Keine Frage. Es wird auch leichter sein, denn es ist selbstverständlich, daß die Erinnerungen von Kindern nicht für das Erwachsenenleben taugen. – Unsinn. Hoffentlich alles Unsinn. Da denke ich gleich das Schlimmste, geradeso wie die Großmutter, bei der ich das hasse.'

Sie hatten sich der Ortschaft genähert. Christian hatte sein Rad an sich genommen und gab sich Mühe, mit dem Vater Schritt zu halten, der auf dem gepflasterten Bürgersteig wieder energisch ausschritt.

„Das Rad schreit geradezu nach einer Reinigung", sagte der Vater mit barschem Ton. „Daß du alles so verkommen lassen mußt. Mach dich zu Hause gleich an die Arbeit. In einer Stunde sehe ich mir das Ergebnis an. Und daß ich ja kein Stäubchen Dreck mehr entdecke!"

Der alte Kommandoton. Das bekannte verhärtete Gesicht.

Diesmal fühlte sich Christian durch beides geradezu erleichtert, denn so konnte er den Zeitpunkt hinausschieben, wo es galt, neu über den Vater nachzudenken. Im Augenblick konzentrierten sich alle Empfindungen und Gedanken auf Martin.

Die Freikarte

„Wir treffen uns nach der Schule am Markt, dann kannst du mir tragen helfen“, sagte die Mutter, während er seine Mappe nahm, „aber beeile dich bitte.“

Es war die Verabredung, die sie jeden Samstag trafen.

Die Mutter ging erst gegen Mittag zum Markt, weil sie dann manch schnell Verderbliches, wie Fisch, Obst und Gemüse, billiger kaufen konnte. Aber so dachten auch andere, so daß es immer eine Sorge blieb, ob es wohl zu früh oder schon zu spät sei. Es gab dann nur den Trost, daß sie selbst vom Billigsten nicht hätten alles kaufen können.

An diesem Tag war Christian ohne den sanften Übergang, den morgendlich gedämpfte Geräusche sonst erlaubten, ganz plötzlich wach geworden. Er hatte die Augen aufgeschlagen und seinen Herzschlag gespürt, heftig, als wäre er schnell gelaufen.

'Samstag. Markttag. Theaterkarte. Fahrgeld.‘

Im Erwachen hatten vor den noch geschlossenen Augen diese Worte, wie auf eine Tafel geschrieben, gestanden, die so nahe vor das Gesicht gehalten wurde, daß sonst nichts rundum sichtbar wurde. Sogleich wußte er, wie der Tag bis zum Nachmittag vergehen und wieviel für den Abend davon abhängen würde. Denn ob er die Theatervorstellung am Abend würde besuchen können, hing einzig davon ab, wieviel die Mutter auf dem Markt ausgeben mußte und ob er sie dann noch um das Fahrgeld zum Theater bitten konnte.

Die Karte hatte er von Fräulein Freier, seiner Deutschlehrerin, als Anerkennung für den letzten Aufsatz bekommen. Da er gern und gut Aufsätze schrieb, erhielt er häufiger als andere eine Freikarte.

Bisweilen bedrückte ihn die Vermutung, daß ihn Fräulein Freier bevorzuge. Deshalb hörte er beim Vorlesen der Deutscharbeiten stets besonders aufmerksam zu, um zu prüfen, ob die anderen besser oder weniger gut als seine waren. Aber oft war die Beurteilung schwer, und so verließ ihn nie der Verdacht, er könnte Almosen erhalten. Das löste beim Erhalt einer Theaterkarte stets ein widersprüchliches Gefühl von Freude und Beschämung aus. Und dies um so mehr, als er tatsächlich nur gelegentlich in der Lage gewesen wäre, die eine Mark für die Karte vom 'Theater der Schulen' zu bezahlen. Dabei waren Theaterbesuche seine große Leidenschaft.

Neben Freikarten, die es manchmal auch ohne besondere Verdienste gab, wurden Hefte, Bücher und Schulspeisung kostenlos an Bedürftige verteilt. Christian wunderte sich immer über die schnellen Finger, die begehrlich aufzeigten, wenn gefragt wurde. Es waren immer die gleichen; teils Arglose, teils Raffinierte, oft nicht die Ärmsten.

'Es müssen doch nicht alle wissen, wie wenig Geld wir haben, schon gar nicht, daß Vater arbeitslos ist. Denken doch nur, er ist faul und selber schuld. Ich mag ihn nicht und werfe ihm viel vor, aber das nicht. Jeden Tag sitzt er über seinen Büchern und lernt. Er will wieder eine Stellung als Ingenieur und nicht als Fabrikarbeiter. Aber selbst die bekommt er kaum oder behält sie nicht lange. Den Mund könne er nicht halten, sagt die Mutter, er wolle sich nicht treten lassen, der Vater.'

Christian meldete sich nie, und so oft er über die Standpunkte der Eltern nachdachte, schienen ihm beide nicht falsch zu sein. Die Auswirkungen, die zur Meinung der Mutter führten, spürte er am eigenen Leibe. Doch waren ihm Argument und Haltung des Vaters in diesem Fall zum eigenen Erstaunen und wider eigenen Willen näher.

Christian machte sich auf den Schulweg. Es war schon sehr spät. Er rannte den ganzen Weg und bekam Seitenstiche. Gleichzeitg mit dem Geschichtslehrer Dr. Kurz erreichte er das Klassenzimmer und riß die Tür auf.

'Geschafft!' Er setzte sich keuchend auf seinen Platz.

Dr. Kurz ließ eine Europakarte aufhängen. Es war die gleiche buntgefleckte Karte, die beim Unterricht über den ersten Weltkrieg und den Versailler Vertrag benutzt worden war; *„Europa – politische Gliederung bis 1914/nach 1921“*, stand als Überschrift zu lesen.

'Mit dem Theaterbesuch wird es nichts werden. So wie die Mutter gestern gerechnet hat!'

Er drängte seine Gedanken absichtlich in diese Richtung, die die Erwartung klein hielt, um nicht zu sehr enttäuscht zu werden.

Er sieht die Mutter wieder unter der Lampe am Küchentisch sitzen, die Keksdose aus buntbemaltem Blech aufgeklappt vor sich. Sie entnimmt Briefumschläge. Aus dem einen nimmt sie Geld heraus, in den anderen steckt sie Geld hinein. Sie streicht Zahlen auf den Umschlägen durch, rechnet, beschriftet neu. Christian weiß, daß sie so die wöchentliche Arbeitslosenunterstützung von knapp vierzig Mark aufteilt: Miete, Strom, Gas und Kohlen, Seife und Lebensmittel. Es ist immer zu wenig und muß doch reichen.

'Hat sie gestern besonders viel vor sich hin gesprochen und gezeufzt?'

Christian versucht, sich zu besinnen.

'Ich glaube, ja', sagt er sich, düster gegen die Hoffnung ankämpfend. 'Eines steht fest: Ohne Fahrgeld kein Theaterbesuch.'

„Wo waren wir stehengeblieben?" fragte der Lehrer in seine Gedanken hinein, sah aber gottlob seinen Nachbarn an, der erschrocken auffuhr und schwieg.

Christian ließ seinen Blick über die Karte gleiten, die wie ein Flickenteppich aussah. Links in der oberen Ecke Island als giftgrüner Fleck, unten am Rand ein afrikanischer Streifen: rosa, violett, türkis, gelb und grün. 'Marokko, Algerien, Tunesien, Libyen, Ägypten', las er stumm, ohne Gedanken. Die Seitenstiche hatten endlich aufgehört.

Dr. Kurz hatte seinen Marsch durch die Klasse begonnen: fester, gleichmäßiger Schritt, den Zeigestock wie ein Gewehr geschultert.

„Wer weiß es?" Er blieb vor der Karte stehen und klopfte nun kurz und hart mit dem Stock auf den Boden.

Niemand meldete sich.

„Günther, komm nach vorn."

Die Stimme des Lehrers klang ungeduldig. Er reichte dem Klassenbesten eine Dose, in der sich Nadeln mit roten Fähnchen befanden.

„Markiere den Stand der deutschen Truppen wie in der letzten Unterrichtsstunde, damit wir fortfahren können."

Günther nahm ein Fähnchen, hielt es über den Punkt für Berlin, schwang seinen Arm, dem Flügel eines riesigen Raubvogels gleich über die Karte und stieß, wie mit einem spitzen Schnabel geschwind und zunehmend freudiger die roten Fähnchen hinein.

„Fertig", schnaufte er vor Anstrengung, nachdem er die Landkarte mit einem Fahnenwald überzogen hatte, und stand mit glühenden Wangen davor.

„Toll, einfach toll", murmelte ein Schüler.

„Ruhe", befahl Herr Dr. Kurz schroff und zeigte auf den unteren Rand der Karte. Er steckte energisch eine Fahne auf den Punkt für Tunis und sagte mit der lauten und überdeutlichen Stimme eines Nachrichtensprechers: „Deutsche Truppen in Afrika."

„Afrika." Ein bewunderndes Raunen ging durch die Klasse.

„Ich bitte mir Ruhe aus." Der Lehrer pochte mit dem Stock auf den Fußboden.

Erregung war im Raum. Wortlose Bewegung; vorbeugen, aufrichten. Vor Staunen geöffnete Münder. Stolz glänzende Augen.

Vor Christians innerem Auge reihten sich Bilder, einem Filmstreifen gleich, der langsam mit der Hand abgespult wird, aneinander: Hinter einem flirrenden Hitzeschleier die gedämpfte Farbigkeit einer Oase. Darüber die rotflammende Glut der Sonne, die sich wie ein loderner Feuerregen auf die Erde ergießt.

Bombenhagel. Explosionen. Geborstene Häuser. Menschen wie Fackeln.

Die ausgelösten Erinnerungen tilgen die fremdartige Schönheit der Vorstellungen. Entsetzt und schuldbewußt muß er sich eingestehen, daß auch ihn einen verwirrenden Augenblick lang ein Triumphgefühl wegen der deutschen Truppen in Afrika erfüllt hatte.

Dr. Kurz sprach mit der sachlichen Stimme eines Kriegsberichterstatters vom unglaublichen Einsatz deutscher Soldaten, von ihren Entbehrungen und Strapazen in der afrikanischen Wüste.

Die Schulglocke läutete zur Pause. Während die einen flink auf den Schulhof rannten, bildeten die anderen einen Halbkreis um Dr. Kurz, um persönliche Kriegserlebnisse zu hören, die er zu erzählen begonnen hatte. Seine Stimme klang jetzt lebhaft, fast sprühend.

Christian rannte, als habe er eine Verabredung, die Treppe hinunter. Seine Empfindungen und Gedanken waren zu diffus, als daß er hätte mit irgend jemandem darüber reden wollen und können. Er vermißte Martin. Mit ihm wär es möglich gewesen.

Es tat Christian gut, daß er nach der Pause als letztes am Samstag zwei Sportstunden hatte. Danach beeilte er sich mit dem Umkleiden, um die Mutter nicht vor dem Markt warten zu lassen, und stürmte als erster davon.

Der Markt befand sich nicht auf einem idyllischen Marktplatz inmitten von Häusern, von Straßen umrundet und Laubbäumen gesäumt, sondern auf einem rechteckigen Platz, auf dem ehemals drei hohe Wohnhäuser mit mehreren Läden gestanden hatten. Der Platz war vom Schutt befreit und mit einem Zaun aus Holzlatten, der die Rückwand der Stände abgab, versehen. Rechts und links der Straßenfront war jeweils ein Durchgang offengelassen worden.

Christian hatte sich mit der Mutter am rechten Durchgang verabredet und kam mit ihr zur gleichen Zeit dort an. Wie immer gingen sie zuerst, ohne zu kaufen, an allen Ständen vorbei, die zu beiden Seiten angeordnet waren, und verglichen die Preise.

Ernst und gesammelt ging die Mutter von Stand zu Stand. Sie schien das heitere Treiben zwischen den Buden mit den gestreiften Markisen und geblümten Sonnenschirmen, den Luftballons, dem wetteifernden Geschrei des Bananenhändlers und des Eisverkäufers nicht zu erreichen. Sie war völlig davon in Anspruch genommen, die Preise der verschiedenen Angebote miteinander zu vergleichen, mit dem vorhandenen Geld in Einklang zu bringen und dabei den Küchenzettel für die ganze Woche nicht aus den Augen zu verlieren. Ab und an forderte sie Christian auf, sich den einen oder anderen Stand mit einem besonders günstigen Angebot zu merken, so daß auch er nicht mehr neben ihr herschlendern konnte, sondern nun ebenso angespannt wie sie über den Markt lief und sich Eselsbrücken schuf, um die Stände wiederzufinden.

'Also Porree gegenüber von den roten Strümpfen, die Äpfel von dem Mann mit dem Terrier. Fleischsalat bei der Dicken mit dem Strohhut. Porree doch besser neben dem Stand mit dem Toilettenpapier, das aber billiger gegenüber vom Bonbonwagen ist, von dem es nur dann Pfefferminz gibt, wenn alles so gut eingekauft ist, daß noch etwas Geld übrig bleibt. Das ist dann der Augenblick, wo ich ablehnen kann und statt dessen um das Fahrgeld bitte. Den Fleischsalat nehmen wir lieber vom Heringsstand ganz hinten, dessen Seiten von riesigen Sonnenblumen begrenzt sind.'

Die Mutter stand vor dem Obststand, griff nach einem Apfel, hielt ihn in der Hand, legte ihn wieder zurück. Dann nahm sie von einer anderen Sorte. Christian folgte ihrem Blick, ihren Händen, versuchte, ihre Gedanken zu erraten, und fühlte sich unbehaglich, wenn sie wieder einmal, ohne zu kaufen, weiterging. Manchmal schimpfte jemand hinter ihnen her. Endlich war die erste Umrundung beendet.

Nun ging die Mutter, ohne zu zögern, auf den Wäschestand zu. Das tat sie an jedem Samstag. Auf dem Tisch lagen übereinander, hoch gestapelt Bettwäsche und Handtücher, so daß die Händlerin mit Mühe darüber hinwegsehen konnte. Im Hintergrund türmten sich Kartons, an den Seitenstangen der Markise hingen Bügel mit Blusen, Nachthemden und Kittelschürzen. Vor dem Stand, auf einer hochkantgestellten Holzkiste, befand sich ein Korb mit Strümpfen in allen erdenklichen Farben. Frau Schulze, die Marktfrau, war so rundlich, daß es Christian wunderte, daß sie sich zwischen ihrer Ware bewegen konnte, ohne daß je etwas umstürzte.

'Der Stoff ist so weich wie sie, so daß sie sich nicht einmal stoßen kann', dachte er belustigt.

Die Mutter nahm fünf Mark aus dem Portemonnaie und reichte sie Frau Schulze. Die legte das Geld in die Zigarrenkiste, die ihr als Kasse diente und nahm ein schwarzleinenes Oktavheft zur Hand. Sie blätterte darin, strich mit einem dicken Rotstift etwas durch und schrieb Neues hinein.

„Nächstes Mal sind wir aus der Kreide", sagte sie mit gutmütigem Lächeln.

Die Mutter nickte. Sie war froh, daß sie nach und nach das Nötigste kaufen konnte.

„Dann kann ich endlich Handtücher mitnehmen. Und danach braucht mein Mann dringend Unterwäsche."

Beim Sprechen glitt genüßlich die Hand, mit der sie den Geldschein herübergereicht hatte, über eines der Nachthemden.

„Unsinn! Das hat Zeit. Nein, wirklich!“ rief sich die Mutter zur Ordnung.

„Wird schon werden. Alles nach und nach“, sagte Frau Schulze und blinzelte der Mutter aufmunternd zu.

Während die Frauen noch einige Worte wechselten, überschlug Christian, was sie ausgeben würden, und verglich die Summe mit der der vergangenen Woche.

'Es könnte reichen, aber vielleicht ist noch etwas vergessen worden.‘

Er folgte den Eselsbrücken und überrechnete alles noch einmal, so gut er konnte.

'Alles noch ungewiß. So genau läßt es sich nicht einschätzen.‘

Sie gingen zum Gemüsestand gegenüber der Bude mit den roten Strümpfen.

Die Mutter zeigte auf einen großen Weißkohlkopf.

„Hätte ich doch beinahe vergessen“, sagte sie, „dabei will ich am Sonntag Kohlrouladen machen.“

'Kohl, dazu Gehacktes. Das mit dem Fahrgeld kann nichts werden.‘

Die Mutter kaufte am Fleischstand ein Viertelpfund Gehacktes. Christian wußte, daß es mit viel Zwiebeln, Brötchen, Semmelbrösel und einem Ei für sechs Rouladen reichen würde. Für jeden gab es eine am Sonntag und am Montag noch eine für den Vater. Sie bekämen dann die restliche Sauce mit Makkaroni.

Am Wurststand neben dem Bananenhändler kaufte die Mutter Leberwurst und Teewurst.

Der Händler, der auf einer Kiste stand und drei Bananen im Arm hielt, brüllte, während er immer mehr Früchte dazupackte:

„Und alles nicht für sechs Mark, nicht für fünf Mark, nicht für vier, nein, alles für ganze drei Mark. Und weil heute Samstag ist, noch eine dazu und noch diese goldgelbe. Und es bleibt dabei: Alles für nur drei Mark. Na, meine Lieben, wer will sich das entgehen lassen?"

Christian hörte die Marktschreierstimme, ohne auf die Worte zu achten. Sonst machte es ihm Spaß, dem kräftigen Mann mit dem Cowboyhut über dem geröteten Gesicht zuzusehen, wenn er die Bananen so anhäufte, daß er sie zwischen Arm und Kinn zusammenhalten mußte, aber an diesem Tag war er ganz in Gedanken.

'Sie verlangt Teewurst und Leberwurst. Keine Hartwurst. Keine Fleischwurst. Also ist das Kostgeld knapp. Es ist entschieden. Das Fahrgeld bleibt nicht übrig.'

So sprach er mit sich, ohne die Hoffnung gänzlich aufzugeben.

Am nächsten Stand kaufte die Mutter ein Tütchen mit fünfzig Gramm Kaffee, nicht wie sonst hundert Gramm. Sie spürte, daß Christian sie ansah, und sagte mit einem verlegenen Lächeln, denn sie versuchte damit gewissermaßen, ihre einzige Leidenschaft zu entschuldigen: „Bis zum nächsten Wochenende reicht es immerhin für zwei Tassen täglich."

'Aus', dachte Christian und wußte, daß jede Frage überflüssig war und der Mutter noch dazu Kummer bereiten würde.

Zu Hause saß er am Fenster. Stürmischer Herbstwind riß Drachen empor, ließ sie gleich darauf steil herabstürzen. Trokkenes, von eingefangenen Sonnenstrahlen goldgelbes Laub, wirbelte über die Straßen. Schwere Sonnenblumenköpfe verneigten sich mit gefährlicher Heftigkeit. Die Kastanien, längst aus stachliger Umhüllung geplatzt und aufgesammelt, hüpften rotbraun glänzend über die mit Kreide gezogenen Hopsefelder der spielenden Kinder.

Es wurde Nachmittag, dann Abend. Nun war es zu spät, um ins Theater zu fahren. Die Wirklichkeit hatte die Hoffnung überholt. Christian wurde ruhig. Die Enttäuschung ging mit einer gewissen Erleichertung einher, denn die gegen jede Vernunft bis zuletzt verbliebene Erwartung, es möge doch noch etwas Günstiges geschehen, hatte ihn gequält.

Am Tag darauf hatte Christian gleich die erste Stunde bei Fräulein Freier Unterricht, die die Klasse immer pünktlich betrat.

„Guten Morgen. Setzen!"

Sie legte das Klassenbuch auf das Katheder, setzte sich und sah dann zu den Schülern hin. Christian senkte den Blick.

„Nehmt die Textbücher heraus. Wo sind wir im 'Don Carlos' stehengeblieben? Wer liest?"

Christian meldete sich nicht wie sonst. Die Lehrerin verteilte die zu lesenden Rollen, während sie den Klassenraum durchschritt. Christian blätterte in seinem Textbuch, als suche er noch immer die Stelle, wo sie letzthin aufgehört hatten zu lesen. Fräulein Freier blieb seitlich neben ihm stehen, beugte sich ein wenig herunter, zeigte auf die Textstelle der aufgeschlagenen Seite, an der fortzufahren war und fragte: „Wo warst du denn gestern?"

„Habe es vergessen. Entschuldigung", antwortete Christian, denn die Ausrede, es sei ihm schlecht gewesen, hatte er vor kurzer Zeit aus gleichem Grund schon einmal gebraucht.

„Vergessen?" Ihre Stimme klang verwundert. „Da hast du eine Freikarte und vergißt, ins Theater zu gehen. Gerade du?" Ärger hatte sich mit Verwunderung gemischt. „Und was hast du dir dabei gedacht?"

„Nichts", sagte Christian leise. Es klang trotzdem frech, was er nicht wollte.

'Viel habe ich gedacht. Aber was man vergißt, hat man doch gerade nicht bedacht.'

„Es ist nicht das erste Mal", sagte sie im Weitergehen. „So leid es mir tut, aber dann kann ich dich nicht mehr so häufig berücksichtigen."

'Also sind die Freikarten doch Almosen und nicht Preise für gute Aufsätze. Der Vater hat recht. Wer Arbeit hat und Geld verdient, weiß nichts vom Leben der anderen.'

Er fühlte sich einerseits gedemütigt, andererseits machte ihn ihre Unwissenheit betroffen. Und da er Fräulein Freier sehr mochte, schämte er sich für sie.

Ende der Kindheit

Jeden Wochentag ging Christian nach Schulschluß zuerst zur Großmutter.

Stets saß sie am Fenster, das bis spät in den Herbst hinein weit geöffnet war, und sog hörbar die frische Luft ein.

Wenn er gelegentlich fröstelnd die klammen Finger vor den Mund hielt, um sie mit seinem Atem zu wärmen, sah sie ihn erstaunt an und sagte nur: „Abhärten. Frische Luft, kalte Waschungen und viel Bewegung. Es gibt nichts Besseres, um gesund zu bleiben."

Das Fenster wurde erst bei Einbruch der Dunkelheit geschlossen.

Christians Aufgabe war es, aus der Zeitung vorzulesen. Jedesmal, wenn er sie raschelnd vor sich auf dem Tisch ausbreitete, sagte die Großmutter: „Das ist gut für dich. Man muß wissen, was in der Welt geschieht."

Ihre nachlassende Sehkraft konnte sie als Grund für diesen Auftrag nicht gelten lassen.

Zuerst las Christian stets den Leitartikel. Häufig winkte die Großmutter nach kurzer Zeit ab. Die Lokalseite interessierte sie mehr. Sie saß ganz still da und hörte kommentarlos zu. Gesicht und Haltung waren ungewohnt entspannt. Sie nahm die Berichte geradezu gläubig, wie Offenbarungen, auf. Langsam und deutlich las Christian eine Überschrift nach der anderen vor. Zwischendurch schickte er bisweilen einen kurzen Blick zur Großmutter hinüber, um sich zu vergewissern, welchen Artikel sie hören wollte. Manchmal genügte ihr die Überschrift. Dann wieder mußte er eine Meldung wiederholen.

Wenn sie genug gehört hatte, fragte sie, was es in der Schule gäbe und was er für Schularbeiten aufhabe. Ganz wie früher, als das Einmaleins oder Gedichte von ihr abgefragt wurden, überwachte sie die Schulaufgaben.

'Als wäre ich ein Erstkläßler', dachte Christian erbittert. Sein Gesicht glühte. Seine Finger preßten sich fest in die Handflächen. Mit den so gebildeten Fäusten hätte er am liebsten auf den Tisch getrommelt.

„Und was habt ihr heute auf?" Damit begann auch dieser Nachmittag.

„Lebenslauf und Bewerbungen schreiben."

„Hast du schon vorgeschrieben?"

„Ja."

„Dann laß mal hören."

Sie wies ihn wegen seines knappen mürrischen Tones nicht zurecht. Wahrscheinlich hatte sie ihn nicht einmal bemerkt. Das kränkte Christian mehr, als ihm eine scharfe Zurechtweisung ausgemacht hätte. Er fühlte sich wie ein kleiner Schuljunge behandelt, und das ärgerte ihn maßlos.

Er zerrte einen Block aus der Mappe und las den Entwurf monoton, aber mit zornbebender Stimme herunter.

Der Lebenslauf war nach einem Schema gefertigt, das der Lehrer an die Tafel geschrieben hatte. Neben den wenigen Daten und Angaben zu seiner Person, den Eltern und dem Bruder, war der Schulbesuch genannt, dazu die Kurse in Stenografie.

„Kurz und bündig. Na ja, was hat ein Junge deines Alters auch schon erlebt."

Christian gingen erneut Gedanken durch den Kopf, die ihn schon beim Schreiben bewegt hatten. Das sollte sein Leben sein? Er sah auf das Blatt. Grauumrandete Rechenkästchen. Oben in der Mitte stand „Lebenslauf“, in Druckbuchstaben und unterstrichen. Darunter, durch Absätze in die Länge gezogen, zwölf Zeilen für die Jahre, die seit seiner Geburt vergangen waren.

Seine Erinnerung füllte das Blatt mit Bildern; teilweise lebhaften Szenen, teilweise Schwarz-Weiß-Fotos. Er wurde immer jünger, die Erwachsenen blieben unverändert.

„Das habe ich doch erlebt“, sagte er laut.

Die Großmutter sah ihn verwundert an. Und da sie keinen Zusammenhang zu erkennen vermochte, sagte sie unwirsch: „Wenn man sich bewirbt, interessiert nur, was man gelernt hat, was man kann. Deshalb kann ich gar nicht oft genug sagen: lernen, lernen und nochmals lernen.“

'Wieder einmal eines ihrer verdammten Sprichwörter‘, dachte Christian, aber er fühlte sich jetzt weniger ärgerlich als bedrückt.

„Um welch eine Stelle willst du dich eigentlich bewerben?“

„Was ich will?“ Christian zuckte die Achseln. „Als ob es darauf ankäme.“ Seine Entgegnung klang nicht frech, sondern bitter. „Es gibt kaum Lehrstellen. Notfalls bleibt die Handelsschule. Lehrgeld gibt es dann nicht, aber weiterhin die Unterstützung wie beim Besuch der zehnten Klasse.“

„Dann könntest du ja gleich auf der Schule bleiben und das Abitur machen, wie es dein aufwärtsstrebender Vater will.“ Die Großmutter sprach mit Geringschätzigkeit, als wollte sie sagen: 'Sieh dir den Verrückten an: arbeitslos, aber voller hochtrabender Pläne.‘

Christian empfand Genugtuung dabei, daß ihre Sprichwörter doch nicht immer zutrafen. Dem Vater hatte alles Lernen bisher nichts genutzt. Er jedenfalls wollte schnellstens Geld verdienen. Mutter würde selbst das wenige Lehrgeld helfen.

„Mache ich das Abitur, dann verdiene ich nach zwei Jahren immer noch kein Geld. Gehe ich notfalls auf die Handelsschule, kann ich dann schon eine Stelle haben. Anfänger nehmen sie gern, denn die bekommen wenig Geld", erklärte er.

„Um welche Lehrstelle bewirbst du dich denn, wenn du nicht zur Handelsschule willst?"

„Um jede." Die Antwort kam schnell. „Vielleicht nicht gerade als Fleischer, denn schlachten könnte ich nicht", schränkte er als einziges ein.

„Dann lies jetzt mal das Bewerbungsschreiben vor." Die Großmutter war sichtlich unzufrieden mit der Antwort.

Christian las.

„Habt ihr das so in der Schule gelernt?"

„Ja, so stand es an der Tafel."

„So klingt es auch. Tausende werden sich in der Art bewerben. Alle gleich. Mir fehlt da etwas."

'Was fehlt ihr denn?' Christian überflog den kurzen Text.

„Was macht bei einer solchen Bewerbung gerade dich so interessant, daß man dich den anderen vorziehen sollte?"

'Interessant soll ich sein? Andere sollen mich interessant finden?'

„Sie sehen doch nur den Lebenslauf und die Zeugnisse an", stammelte er verständnislos. Er begriff nicht, worauf die Großmutter hinauswollte.

„Was ist bei dir Besonderes zu lesen, von den guten Noten abgesehen?“

„Nichts. Stimmt.“ Christian dachte an den inhaltslosen Lebenslauf.

„Du mußt etwas schreiben, aus dem zu entnehmen ist, warum du gerade diese Lehrstelle, diese Firma wählst. Dieser Satz muß die Firma aufhorchen lassen.“

„Ich will Koch werden, weil ich gerne esse, und im Kempinski, weil es da am besten schmeckt“, stieß er trotzig hervor.

Die Großmutter sah ihn stumm und zurechtweisend an.

Er dachte angestrengt nach. Was sollte er nur schreiben? Bestenfalls konnte er sich dazu etwas für den Beruf des Bibliothekars vorstellen, weil er diesen auch gern erlernt hätte, aber weder für den Koch noch den Verkäufer, Maurer oder Dachdecker. Jetzt gingen ihm nur noch alberne Begründungen durch den Kopf.

„Ich lese gern. Deshalb möchte ich Buchhändler werden“, sagte er schließlich.

„Dann denken sie, du willst lesen, statt zu arbeiten.“

Christian war ratlos.

Die Großmutter war aufgestanden und hatte das Fenster geschlossen. Es war dunkel geworden. Nachdenklich, ohne Christian zu beachten, ging sie wieder zu ihrem Sessel, setzte sich, lehnte sich zurück und sagte in klarem, nüchternen Ton: „Ich habe immer gern gelesen und glaube, daß es mir Freude machen und gelingen würde, auch anderen Menschen Bücher nahezubringen.“ Sie machte eine kurze Pause, bedachte ihre Worte und fuhr fort: „Hört sich noch etwas zu hochgestochen für einen Jungen wie dich an, aber etwa so meine ich es.“

Christian sah die Großmutter bewundernd an.

„Aber mit dem Koch und Verkäufer ist das viel schwerer", gab er zu bedenken.

„Beim Verkäufer geht es darum, daß er gern mit anderen Menschen zu tun hat, sich gut ausdrücken kann und vielleicht ein Fachgebiet bevorzugt. Und beim Koch. Nein", sie schüttelte heftig den Kopf, „also jetzt kannst du wohl mal selbst einige Sätze bilden."

Es war still im Zimmer. Die Großmutter hatte die Stehlampe angeknipst und blätterte in einem Fotoalbum. Christian begann zu formulieren. Er schrieb, strich aus, schrieb darüber.

'Wie schwer es doch ist, kurze und dabei überzeugende Sätze zu bilden, zumal wenn man sich anbieten, ja geradezu anbiedern muß.' So jedenfalls empfand er es.

Die Großmutter hatte recht, aber es war ihm zuwider.

Nach einiger Zeit riß er ein Blatt aus dem Block und schrieb für jeden Beruf den anpreisenden Satz auf, wobei er, wie er es in der Schule gelernt hatte, vermied, mit „Ich" zu beginnen, was eine zusätzliche Schwierigkeit bedeutete.

Schließlich las er die wenigen, aber jeweils so bedeutsamen Sätze vor.

„Na, siehst du. Warum nicht gleich so?"

Dieses gleichermaßen herbe und seltene Lob aus dem Mund der Großmutter brachte ihn dazu, sich sofort hinzusetzen und eine Anzahl Bewerbungen in schönster Schrift zu schreiben und schon am nächsten Tag, mit einem Lebenslauf versehen, zu verschicken. Da er in der Zeitung nur eine Anzeige gefunden hatte und wußte, daß beim Arbeitsamt kaum je etwas vorlag, schrieb er an Firmen und Geschäfte, die er sich aus dem Telefonbuch heraussuchte.

Diese Idee fand die Großmutter sogar fabelhaft und spendete die notwendigen Briefmarken.

Jeden Tag ließ sie sich die Anzahl der neuen Bewerbungen nennen, und da es stets mehr als eine Handvoll waren, nickte sie zufrieden und löste damit anhaltenden Eifer bei Christian aus.

Nachdem dreißig Bewerbungen geschrieben waren, gebot selbst sie Einhalt und war der Meinung, es sollte nun erst einmal abgewartet werden.

Das Warten machte die Tage lang, die Woche schier endlos. Bis zum Wochenende war keine einzige Antwort eingegangen. Christian war stumm vor Mutlosigkeit. Als er am Samstagnachmittag zur Großmutter kam, um vorzulesen, erwartete sie ihn mit den Worten: „Weitermachen. Nicht unterkriegen lassen. Gleich nach dem Lesen schreibst du neue Bewerbungen, sozusagen auf Vorrat."

Diesmal ging Christian das Scheiben weniger leicht von der Hand. Immer wieder verschrieb er sich und mußte neu beginnen.

Endlich kamen die Antworten, fast alle zur gleichen Zeit. Soviel Post hatte ihnen der Briefbote noch nie gebracht.

Es waren alles Absagen, häufig, weil nur Abiturienten eingestellt wurden.

„Verkäufer mit Abitur. Ich verstehe die Welt nicht mehr. Vielleicht bin ich wirklich zu alt", überlegte die Großmutter laut und dachte an ihre wenigen Schuljahre und deren Bedeutungslosigkeit für ihr Leben. Mit Entschiedenheit schüttelte sie den Kopf.

„Bange machen gilt nicht. Weitermachen. Einfach weitermachen.“

Die äußerst sparsame Großmutter schickte Christian zur Post, um für weitere zwanzig Schreiben die Briefmarken zu holen, woran er sah, daß sie wirklich daran glaubte, daß sie damit ihr Ziel erreichen würden.

Christian verschickte die vorrätigen Bewerbungen und legte einen neuen Vorrat an.

Der Briefträger kam weiterhin häufig. Da er um die vergeblichen Bewerbungen wußte, hörte er gegen seine Gewohnheit auf, singend mit den Briefen vor die Haustür zu radeln. Er überreichte sie wortlos. Sein Blick wurde zunehmend mitleidvoller.

Christian hatte beim Öffnen der Briefe große Mühe, seine Erregung vor den anderen zu verbergen. Er meinte, jeder könne sehen, wie ein leichtes Zittern seinen Körper, vor allem die Hände, erfaßte.

Um sich selbst vor den zu erwartenden Enttäuschungen zu schützen, sagte er sich, schon bevor er die Briefe öffnete, alle tatsächlich möglichen und eingebildeten Ablehnungsgründe auf: 'Kein Abitur. – Alles besetzt. – Suchen nur Mädchen. – Am Dienstag kommen immer Absagen. – Die Briefmarke ist verkehrt herum aufgeklebt, das bedeutet nichts Gutes. – Warum sollte es bei mir etwas werden, wo doch ganz andere noch ohne Stelle sind.‘

Dazu kamen weitere täglich wechselnde Varianten.

Endlich kam eine Einladung zu einem Test. Noch gänzlich unverbindlich, wurde ausdrücklich betont. Man habe derzeit Hunderte von Bewerbern. Christian wußte nicht, ob er sich freuen sollte, denn er fürchtete schon im voraus die dadurch wachsende Enttäuschung.

„Nur weiter so. Wir sind auf dem richtigen Weg“, rief die Großmutter strahlend und voller Energie.

Christian nahm an diesem Test teil und noch an einigen mehr. Jeweils in einem Saal voller Bewerber, zumeist Abiturienten. Offenbar hatte das mit seinen sehr guten Zeugnissen zu tun, aber in Konkurrenz mit ihnen blieb er erfolglos. Obwohl das nicht verwunderlich war, begann er, an sich zu zweifeln.

Entsprechend der Menge weiterer Bewerbungsgespräche gingen in unverminderter Fülle Absagen ein. So vergingen mehr als vier Wochen, bis endlich eine Aufforderung einfach nur zu einem persönlichen Vorstellungsgespräch kam.

Christian war zu aufgeregt, um der Großmutter den Brief vorzulesen. Er reichte ihr wortlos das Schreiben, das sie so nahe vor die Augen hielt, daß ihr Gesicht davon verdeckt wurde, so daß er ihre Mimik nicht wahrnehmen konnte.

„Habe ich es nicht immer gesagt.“ Sie ließ das Blatt sinken und atmete vor Erleicherung tief durch.

„Um was für eine Lehrstelle geht es? Was ist es für ein Betrieb?“ hörte Christian sie fragen.

Vor Aufregung hatte er nicht darauf geachtet. Er nahm den Umschlag und las vor: „Zeitungen – Zeitschriften – Schreibwaren, Wolf & Sohn.“

„Also ein kleineres Geschäft“, stellte die Großmutter mit Bestimmheit fest, „Besitzer mit Famlienangehörigen, bestenfalls noch einem Angestellten.“

„Was werde ich denn da, Verkäufer oder Bürogehilfe?“

„Das werden sie dir schon sagen. Aber Stenografie ist da sicher nicht wichtig, eher Kenntnisse auf der Schreibmaschine.“

„Habe ich nicht.“

„Unsinn.“ Die Großmutter war aufgebracht. „Du kannst, was verlangt wird.“

„Aber ich kann doch wirklich nicht auf der Schreibmaschine schreiben“, beharrte Christian.

„Kann ich nicht, gibt es nicht. Willst du die Stelle oder nicht?“

„Natürlich, aber...“

„Na also. Schließlich dauert es ein Vierteljahr, bis die Lehre beginnt. Bis dahin kannst du das Nötigste leicht gelernt haben.“

'Sie spricht, als hätte ich die Stelle schon.‘

„Wir haben keine Schreibmaschine.“

„Werden wir irgendwo leihen.“

„Und wenn ich keinen Platz im Kurs bekomme?“

„Dann lernst du eben allein nach Büchern. Das tut dein Vater immer.“

'Sieh einmal an. Nun beruft sie sich plötzlich auf ihn?‘

Während die Großmutter mit unerschütterlicher Zuversicht daran festhielt, daß er die Lehrstelle bekommen würde, kleidete Christian seine Ängste in immer neue Fragen.

„Und wenn sie mich bei der Vorstellung schon prüfen?“

Die Großmutter sah ihn einen Augenblick ungläubig an, nicht weil sie diese Möglichkeit außer acht gelassen hätte, sondern weil sie zu bemerken glaubte, daß er nicht begriff, daß er nach den vielen vergeblichen Versuchen diese Stelle unter allen Umständen bekommen mußte.

„Dann bleibt dir immer noch die Wahrheit und die Versicherung, daß du es bis zum Beginn der Lehrzeit kannst. Du mußt kurz und eindringlich erklären, wieviel dir gerade an dieser Stelle und diesem Geschäft liegt.“

„Es ist irgendein kleines Geschäft. Was sollte daran Besonderes sein, was sie mir auch glauben könnten?“

Die Großmutter überlegte, ohne den Blick von ihm abzuwenden.

„Zieh dir deine Jacke an“, sagte sie, zum Äußersten entschlossen und selbst im Aufstehen begriffen, „wir sehen uns das Geschäft sofort an. Wir werden schon etwas Besonderes daran entdecken.“

Sie mußten nicht nur eine Dreiviertelstunde mit der Straßenbahn der Linie '99' fahren, sondern auch noch ein gutes Stück laufen, bevor sie schließlich in der auf dem Umschlag angegebenen Straße in Kreuzberg waren. Die aschefarbenen Häuser standen hoch und eng aufgereiht. Wie riesige Schuppen hatten sie ihren graubröseligen Verputz zum größten Teil abgestoßen. Die Straße war völlig baumlos. Aber immer da, wo der Krieg eine Lükke in die Häuserfront gerissen hatte, und davon gab es in diesem Bezirk noch viele, wucherten Gräser, dorniges Gestrüpp und junge Birken, die mit einer Hand zu umfassen waren. Nur hier konnten am Tage Sonnenstrahlen in die Straße fallen.

Jetzt jedoch warfen die Straßenlaternen ihr fahles Licht in das Dunkel des frühen Abends, verbargen in ihren Schatten mehr, als sie erhellten, und gaben der menschenleeren Straße ein kaltes, trostloses Aussehen.

Die Großmutter und Christian streckten beim Gehen immer wieder ihre Köpfe in die Höhe, um die Hausnummern zu entziffern, die nur selten ausgeleuchtet waren. Für die Großmutter ein aussichtsloses Unterfangen.

Christian achtete auf die Geschäfte, die sich in Kellern oder zu ebener Erde befanden. Eine Kohlenhandlung. Ein Kartoffelkeller. Eine Wäscherei. Eine Kneipe. Manche der Läden waren auch bewohnt. Die Türen der Geschäfte standen offen. Die Luft war erfüllt von den Gerüchen der Armut: Kohlenstaub, keimenden Kartoffeln, beißender Lauge, Kohlsuppe, ranzigem Fett, Schweiß, schalem Bier und Schimmel.

Sie kamen an die Ecke, sahen zu dem Straßenschild empor und ließen ihre Blicke, auf der Suche nach ihrem Laden, an der Häuserfront entlanggleiten. Sie sahen es beide nicht. Erst als sie ratlos den Kopf senkten, sahen sie schräg unter sich die Schaufenster des Wolfschen Geschäftes. Christian starrte bestürzt auf das Firmenschild.

Die Großmutter, die im ersten Augenblick ebenfalls erschrocken war, hatte sich schnell gefaßt und ging, ohne auf Christian zu achten, auf den metallenen Treppenlauf gestützt zu dem Geschäft herunter. Christian blickte durch das längliche, schmale Schaufenster. Er sah sie eintreten, sich die Angebote auf den Regalen ansehen und nach kurzer Zeit in lebhaftem Gespräch mit einem älteren Mann, offenbar dem Besitzer. Herr Wolf hatte ein blankgeputztes, rotädriges Gesicht mit Augen, die vor Lebensfreude funkelten. Er wirkte heiter und gutmütig. Er bewegte sich, vielleicht weil er recht klein war, fast hüpfend hin und her, rückte etwas zurecht, zählte mit stummen Lippen einige Stapel Hefte, beschriftete einen Ordner.

Die ganze Zeit über war er aufmerksam im Gespräch mit der Großmutter, ohne seine Arbeit oder sein Lächeln aufzugeben, das auch nicht verschwand, als sich die Großmutter zum Gehen umgewandt hatte.

Während des Wartens hatte Christian befürchtet, daß die Großmutter sofort alles regeln und er dann wie ein kleiner Junge nur noch vorgestellt würde, aber zu seiner großen Überraschung und Erleichterung hatte sie es nicht getan. In der Hand hielt sie die gleiche Tageszeitung, die abonniert zu Hause lag. Weiterhin hatte sie einen Block Schreibpapier und Briefumschäge gekauft.

„Ein fleißiger, geschäftstüchtiger Mann und dabei so liebenswürdig“, sagte sie anerkennend, als sie zurück zur Straßenbahnhaltestelle gingen, „da kannst du etwas lernen.“

„Und das Besondere?“ erinnerte Christian und war sicher, daß sie nichts entdeckt haben konnte.

„Er hat eine Leihbücherei dabei, das konntest du von draußen nicht sehen.“ In ihrer Stimme schwang ein wenig Triumph mit.

Christian sieht die dicken, zerlesenen Arzt- und Liebesromane in ihren buntglänzenden, abwaschbaren Hüllen vor sich, die in den Leihbüchereien angeboten und von Tante Grete und der Mutter bisweilen entliehen werden. Die Mutter sagte dann immer, als müsse sie sich entschuldigen: „Man muß sich auch mal etwas Leichtes gönnen, das Leben ist schwer genug.“

„Du wolltest doch gerne Bibliothekar werden und bist recht belesen“, fuhr die Großmutter fort. „Ich fand oft, daß du besser etwas Nützliches getan hättest, statt dich soviel in deine Bücher zu vergraben. Außerdem fand ich sie oft nicht richtig für dein Alter. Aber nun hat es im nachhinein doch seinen Sinn.“ Ihre Stimme war ungewohnt ruhig und weich. Ihre Gedanken stimmten sie nachsichtig.

Sie hatte keinen Zweifel, daß er die Stelle bekommen würde. Daß er sie hätte nicht haben wollen, wäre ihr nie eingefallen.

Am ersten April trat Christian seine Lehrstelle als Verkäufer bei der Firma Wolf & Sohn an.

'Ein Aprilscherz', dachte er beim Einsortieren der zurückgegebenen Bücher.

Freundlich und arglos hatte Herr Wolf gemeint, daß ihm gerade die Arbeit in der 'Bibliothek' am ersten Tag am liebsten sein würde.

Am frühen Nachmittag wurde aus dem zarten Klang der Ladentürglocke ein Sturmgeläut. Sie bimmelte unablässig über der Woge hereindrängender Schüler, bis sich die Menge so fest verknäult hatte, daß die Tür offen bleiben mußte und nur, wenn Bewegung beim Nachrücken entstand, kurz ein heller Ton aufzuckte. Die Schüler dampften in ihren dicken Pullovern und Jacken. Trotz der geöffneten Tür war die Luft im Laden stickig. Die in Wohnküchen getrocknete Kleidung verströmte einen muffigen Geruch.

„Die Schüler zu bedienen wird dir sicher Spaß machen", sagte Herr Wolf und griff mit der einen Hand hier, mit der anderen dort nach den Dingen, die ihm hechelnd aus erhitzten Gesichtern zugerufen wurden.

Bis zu diesem Augenblick hatte sich Christian den Schülern zugehörig gefühlt, eingetaucht in die Menge, wie auf dem Schulhof. Er hatte ihnen mit dem Blick der Vertrautheit entgegengesehen, als betrachte er ein altbekanntes Klassenfoto. Erst die Ansprache durch Herrn Wolf machte ihm bewußt, daß er sich nicht mehr in dem Bild befand.

'Ich gehöre nicht mehr dazu', sagte er sich mit Erschrecken, Ungläubigkeit, Ernüchterung.

„Es wird schon gehen. Such nur einfach alles zusammen.

Notfalls zeigen sie es dir. Sie wissen sowieso am besten, wo alles liegt. Kassieren werde ich", redete Herr Wolf, der Christians Zögern bemerkt hatte, ihm leise zu. Dabei lächelte er ihn an und zwinkerte ermutigend mit den Augen.

Die kleinen Jungen mit den dicken Ranzen verlangten laut und energisch Hefte, Radiergummis und Bleistiftanspitzer. Jeder Wunsch wurde geradezu auf den Zeigefinger gespießt, der dann am ausgestreckten Arm ungeduldig von einem Regalfach zum anderen schwang. Ihre Klassenkameradinnen kreischten, wenn die Arme über ihre Köpfe streiften, so daß es sogleich wieder geschah. Die Mädchen standen besonders eingezwängt, kichernd oder verschüchtert, immer wieder zurückgedrängt, bis sich ihre piepsenden Stimmen schließlich Gehör verschaffen konnten und sie all ihren Mut zusammennahmen und baten, neben dem üblichen Schulbedarf auch Zeichenblocks, Buntstifte und Oblaten ansehen zu dürfen.

Die Mädchen aus den oberen Klassen schüttelten unablässig ihre langen, offenen Haare nach hinten und sprachen mit zarten, girrenden Tönen, als gelte es, ein wertvolles Geschenk für ihren Freund auszusuchen.

Die älteren Gymnasiasten straften ihre Mitschülerinnen mit Nichtachtung und trippelten mit ihren überlangen, dünnen Beinen unruhig auf der Stelle, als würde sogleich ein Spiel angepfiffen. Sie warfen krächzende Worte in Richtung Ladentisch: „Block, Zirkel." Kein Wort zuviel, mit ernsten Mienen.

Auf eine Frage von Herrn Wolf hörte Christian die knappe, stolze Antwort: „Jetzt elfte Klasse, Robert-Koch-Gymnasium."

'Elfte Klasse. Wie ich. – Eben nicht', korrigierte Christian seine Gedanken.

Er sah den Gleichaltrigen an. Der nahm ihn gar nicht wahr. Zwischen ihnen stand der Ladentisch.

Erst jetzt wurde Christian seine Entscheidung, die Schule zu verlassen, zur unabänderlichen Gewißheit. Er sagte sich nochmals alle Gründe her. Die stimmten noch immer.

Er dachte an Martins Worte: „Erst etwas lernen, womit man Geld verdienen kann. Dann den Beruf, den man haben möchte."

Er dachte an den Vater, sein unermüdliches Lernen in der vagen Hoffnung, es doch einmal zu schaffen, trotz Unverständnis in der Familie, von ihr fast der Lächerlichkeit preisgegeben, sich rächend mit unbeherrschten Zornausbrüchen, nicht ausbleibender verzweifelter Mutlosigkeit.

Er ahnte erstmals, welch weitgehende Bedeutung das Lernen für den Vater hatte. Es war ein Kampf um Selbstachtung, seine einzige Überlebensmöglichkeit.

Er wußte, daß es auch für ihn später noch andere, neue Wege geben konnte. Dennoch ergriff ihn tiefe Niedergeschlagenheit.

Der Laden leerte sich. Die Kasse klingelte. Die Tür fiel mit lautem Knall und wild bimmelnd ins Schloß.

Die letzten Schüler eilten davon. Durch das Schaufenster sah Christian schräg über sich ihre Schuhsohlen.

Last Minute

Geschichten über den Tod im Leben

„Sterbezimmer – Beerdigung – Friedhof" – Begriffe, die ein nicht näher bestimmbares Unbehagen erzeugen und oft Schweigen auslösen. In den fünf Erzählungen der Berliner Autorin sind sie Bestandteil des natürlichen Sprachgebrauchs. Ina Dentler schlägt keinen großen Bogen um den Tod. Im Gegenteil: Sie erklärt ihn zum zentralen Thema ihrer Geschichten. Die Menschen, von denen sie respektvoll erzählt – wobei sie dem Leser eine große Nähe zu deren Empfindungen ermöglicht, ohne eine Spur von Sentimentalität zu zeigen –, werden ausnahmslos mit dem Tod konfrontiert: aufgrund einer unheilbaren Krankheit, des Alters oder beruflich. Ort und Handlung spielen dabei eigentlich eine geringe Rolle. Entscheidend ist die Beziehung der Charaktere zu ihrem eigenen Leben, ihre individuelle Definition von „Nicht-mehr-Sein" und die daraus folgende Organisation des Alltags. Das Anliegen der Autorin, Lebensende als Teil des Lebensinhalts zu begreifen, heißt: leben in Selbstbestimmung bis zum Tode und schließt, wenn das im laufenden Text auch unausgesprochen bleibt, Sterbehilfe als Ausdruck davon ein.

Ina Dentler: Last Minute
Geschichten über den Tod im Leben
128 Seiten • Broschur • DM/sFr. 14,80
ISBN 3-89009-674-3
Verlag Frieling & Partner